"双碳"战略引领制造业转型路径研究

唐韬　邬昶俊　冯银　梅怡明　邓莹　著

重庆出版集团　重庆出版社

图书在版编目（CIP）数据

"双碳"战略引领制造业转型路径研究 / 唐韬等著
. — 重庆 : 重庆出版社 , 2024.6
ISBN 978-7-229-18757-6

Ⅰ.①双…　Ⅱ.①唐…　Ⅲ.①制造工业 – 节能 – 产业
发展 – 研究 – 中国　Ⅳ.① F426.4

中国国家版本馆 CIP 数据核字 (2024) 第 108235 号

"双碳"战略引领制造业转型路径研究
" SHUANGTAN " ZHANLÜE YINLING ZHIZAOYE ZHUANXING LUJING YANJIU

唐　韬　邬昶俊　冯　银　梅怡明　邓　莹　著

责任编辑：袁婷婷
责任校对：郑　葱
装帧设计：优盛文化

重庆出版集团
重庆出版社　出版

重庆市南岸区南滨路 162 号 1 幢　邮编：400061　http://www.cqph.com
河北万卷印刷有限公司印刷
重庆出版集团图书发行有限公司发行
E-MAIL: fxchu@cqph.com　邮购电话：023-61520646
全国新华书店经销

开本：710mm×1000mm　1/16　印张：14.75　字数：204 千
2024 年 6 月第 1 版　2024 年 6 月第 1 次印刷
ISBN 978-7-229-18757-6

定价：88.00 元

如有印装质量问题，请向本集团图书发行有限公司调换：023-61520417

前言
Preface

全球范围内的气候变化现象，特别是全球变暖，已成为人类社会面临的严峻挑战。科学研究表明，人类活动排放的大量温室气体是导致全球变暖的主要原因。为应对全球变暖，国际社会自20世纪90年代起便开始了一系列的气候谈判，旨在协调全球的气候行动。2015年12月12日，国际社会在巴黎气候大会上达成了一项具有历史性意义的协议，即《巴黎协定》。《巴黎协定》指出要将全球平均温度上升幅度控制在工业化前水平以上2℃以内，并努力将其控制在1.5℃以内，这被誉为全球应对气候变化的新起点。

在此背景下，中国提出了"双碳"目标，即碳达峰和碳中和。其中，碳达峰是指中国的碳排放量将在2030年前达到峰值，然后开始逐渐下降；碳中和则是指中国将在2060年前实现碳排放与碳吸收的平衡，即实现碳中和。这一目标的提出，标志着中国将以实际行动参与全球气候治理，推动绿色低碳发展。

然而，实现"双碳"目标并不容易，尤其是对于制造业而言。制造业既要满足人们日益增长的物质文化需要，又要在生产过程中尽可能减少碳排放，实现绿色生产，这无疑是一项艰巨的任务，但这也为制造业带来了前所未有的机遇。通过转型升级，制造业不仅能够实现碳达峰，更能够提高生产效率，提升产品质量，开辟新的市场空间，实现高质量发展。本书将就这个话题进行深入的研究和探讨，以期为人们理解制造业的未来走向提供有价值的参考。

本书共分为七章。第一章概述了书中的主题和目标。首先解读了中国的"双碳"战略，即到2030年达到碳排放峰值和2060年实现碳中和的目标，以及这一战略对全球气候变化的意义。其次，介绍了制造业在转型过程中的核心地位，指出转型是制造业高质量发展的必由之路。最后，分别介绍了工业 4.0 与"中国制造 2025"的概念，并进行了对比。

第二章深入探讨了"双碳"战略对制造业转型的引领作用。首先强调了制造业在碳达峰的过程中应承担的节能减排责任。其次分析了碳中和目标如何指导制造业进行能源替代的。最后探讨了"双碳"战略是如何推动制造业结构转型，以及实现"双碳"目标如何依靠制造业生态圈的支持。

第三章专注于智能制造与制造业转型。首先解读了智能制造的内涵与要素。其次论述了制造业智能化转型的重要性，包括提高生产效率、降低成本和提升产品质量等方面。最后介绍了制造业智能制造的实践路径，即如何通过工业互联网、大数据、人工智能等技术实现智能化制造。

第四章关注绿色制造与制造业转型。首先揭示了绿色制造的内涵与要素。其次阐述了制造业绿色化转型的必要性和作用，如减少环境污染、降低资源消耗、实现可持续发展等。最后提供了制造业绿色化转型的实践路径，包括如何在产品设计、生产过程、废弃物处理等环节实现绿色化等。

第五章探讨服务型制造与制造业转型。首先定义了服务型制造的内涵与要素。其次阐述了制造业服务化转型的作用，如提升用户体验、构建品牌优势、创新商业模式等。最后提出了制造业服务化转型的实践路径，包括如何将制造业和服务业紧密结合，提供更多的增值服务。

第六章研究制造业生态圈与制造业转型。首先解析了制造业生态圈的内涵与要素。其次阐述了制造业生态化转型的作用。最后展示制造业生态化转型的实践路径，阐述如何构建高效、健康、可持续的制造业生态系统。

第七章是"双碳"战略引领制造业转型与发展展望。首先对传统制造业的转型进行展望，其次预测新兴制造业的发展趋势，最后思考在"双碳"战略下未来制造业生态圈的发展趋势。

目 录
Contents

第一章　绪论

在 21 世纪的今天，源于对地球未来的共同关注，一场以碳达峰、碳中和为核心的战略行动已经开启。制造业作为全球碳排放的主要源头之一，其转型无疑将影响全球的碳减排进程。这场以高质量发展为目标的转型，必将引领制造业走向更加绿色、智能、高效的未来。在这个过程中，工业 4.0 和"中国制造 2025"无疑会掀起一场全球工业革命，"中国制造 2025"是中国为实现制造业高质量发展而提出的战略计划，它以提升制造业的智能化水平、绿色化水平为重点，致力于推动中国制造业的全面升级，助力制造业践行"双碳"战略。

第一节　"双碳"战略

一、中国"双碳"战略的提出背景与过程

（一）中国"双碳"战略提出的世界背景

全球变暖，这个词语已然从专业领域走入了公众的视线，甚至成为人们日常生活中的常见词语。这个词语虽然简单，但其所包含的内涵却

极为丰富，它关乎人类的存亡、地球的未来，以及所有生物的命运。

所谓全球变暖，简单来说就是由于人类活动，特别是人类在工业化进程中大量燃烧石油、煤炭等化石燃料，排放大量的温室气体到大气中，导致地球气候系统的能量平衡被打破，从而使地球的平均温度持续上升。就好像给地球穿上了一件过厚的棉衣，使地球不能正常散热，温度持续上升，这就是全球变暖。全球每年向大气排放约510亿吨的温室气体，其中最主要的是二氧化碳。二氧化碳的排放主要来自化石燃料的燃烧，以及森林砍伐和土地利用变化等活动。这些二氧化碳一旦被排放到大气中，就会在大气中停留很长时间，这会持续加剧全球变暖的趋势。

全球变暖的影响深远而广泛，它不仅改变了人类的生活方式，也带来了一系列的环境问题。例如，南极洲的冰架大面积融化，使海平面上升，对沿海城市和岛屿国家的生存造成了威胁。格陵兰岛的冰原近年来每年融化的速度是20年前的两倍，这是全球变暖的直接结果，这预示着未来可能出现更大的灾难。如果人们不能控制全球变暖的趋势，那么在不久的将来，人们可能会经历更多的极端天气事件，如干旱、洪涝、飓风等。

人们必须认识到，如果人们不能停止排放温室气体，那么全球变暖带来的后果将是人们无法承受的。全球变暖不是单一国家或者单一地区面临的问题，而是全人类共同面临的挑战。人们必须认识到：只有一个地球。人们需要通过共同努力，通过科技创新，通过政策引导，通过国际合作，来共同应对全球变暖带来的挑战，实现环境的可持续发展以及保护这个共同的地球家园。

要避免这一灾难，人类必须实现温室气体的零排放，这是一项艰巨的任务。《巴黎协定》在这方面起到了关键的引领作用。

2015年12月，在《联合国气候变化框架公约》第21次缔约方会议上，将近200个缔约方一致同意通过《巴黎协定》，该协定于2016年11月正式生效。《巴黎协定》的内容共29条，包括目标、资金、技术、透明度等。根据协定，缔约各方应根据本国国情及自身发展状况来提交各自的减排计划和目标。自 2023 年开始，联合国将每 5 年对全球行动总体进展进行一次盘点，以实现全球应对气候变化的长期目标。该协定的效力是自上而下的：每个国家，无论大小，都签署了减少碳排放以限制全球变暖程度远低于 2℃ 的协定（理想情况为比工业化前水平高 1.5℃）；同时它也是自下而上的：因为它为每个国家留下了各自规划国家气候战略的空间，而这些战略被称为"国家自主贡献"。

《巴黎协定》的通过意味着全球必须在 21 世纪末将全球地表温度相对于工业革命前上升的幅度控制在 2℃ 以内。这是一项艰巨而又迫切的任务。目前，芬兰、瑞典、奥地利、冰岛等国家都已经明确了碳中和的时间表，而欧盟、英国、挪威、加拿大、日本等则将碳中和的时间节点定在了 2050 年。这些发达国家的行动，对其他国家产生了重要的示范和推动作用，也为实现全球碳排放减少的目标提供了可能。

中国作为世界上最大的发展中国家和最大的煤炭消费国，对全球气候应对的贡献尤为关键。中国已经提出了尽早碳达峰和在 21 世纪中叶左右实现二氧化碳净零排放的目标，这是中国对全球气候治理的重要承诺，也体现了中国作为全球负责任大国的角色形象和责任担当。

（二）中国"双碳"战略的提出过程

随着改革开放的不断深入，中国已经成为世界第二大经济体，影响力超越国界，更成为全球无法忽视的重要力量。中国的发展，一方面是源于其对经济全球化的积极参与，另一方面也源于其对环境保护的深刻认识。当前，中国社会的主要矛盾已经转化为人民日益增长的美好生活需要和不平衡不充分的发展之间的矛盾。人民对美好生活的向往，不仅包括物质生活的富裕，还包括环境的优美。

在这一背景下，2020 年 9 月 22 日，"双碳"目标首次提出，如图 1-1 所示。

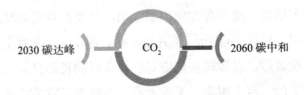

图 1-1 "双碳"战略

"双碳"战略不仅是中国对自身发展的深刻反思,更是中国对全球气候变化问题采取的重要战略。在实现这一目标的过程中,中国将推动绿色低碳技术实现重大突破,抓紧部署低碳前沿技术研究,加快推广应用减污降碳技术,建立完善绿色低碳技术评估、交易体系和科技创新服务平台。中国将建设更高质量、更开放包容和更具凝聚力的经济、政治和社会体系,形成以更为绿色、高效和可持续的消费与生产力为主要特征的可持续发展模式来谱写生态文明新篇章。

2021 年 2 月,国务院印发《关于加快建立健全绿色低碳循环发展经济体系的指导意见》,这是中国在实现碳达峰、碳中和目标的路上迈出的重要一步。意见要求:"深入贯彻党的十九大和十九届二中、三中、四中、五中全会精神,全面贯彻习近平生态文明思想,坚定不移贯彻新发展理念,全方位全过程推行绿色规划、绿色设计、绿色投资、绿色建设、绿色生产、绿色流通、绿色生活、绿色消费,使发展建立在高效利用资源、严格保护生态环境、有效控制温室气体排放的基础上,统筹推进高质量发展和高水平保护,确保实现碳达峰、碳中和目标,推动我国绿色发展迈上新台阶。"[①]

这份意见的发布,是中国全面推进绿色发展的宣言,也是中国向全球气候变化问题发起攻势的重要标志。这一举措,表明中国将以坚定的

---

① 国务院.国务院关于加快建立健全绿色低碳循环发展经济体系的指导意见 [EB/OL].(2021-2-22)[2023-05-30].http://www.gov.cn/zhengce/zhengceku/2021-02/22/content_5588274.htm.

决心、科学的策略，全面推进绿色低碳循环发展，实现碳达峰、碳中和的目标。

在全球气候变化面前，没有哪个国家可以独善其身。中国提出的"双碳"目标，表明了中国作为负责任大国，对全球气候变化问题的重视和决心。在中国的引领下，期待看到全球共同应对气候变化，实现可持续发展的新篇章。未来，中国将继续坚持以人民为中心的发展思想，推动构建人与自然和谐共生的现代化建设，以更加坚定的决心，更加科学的策略，实现绿色、可持续发展的"双碳"目标。在这个过程中，中国将积极推动国内外政策对接，深化全球气候治理合作，通过实现"双碳"目标，推动全球气候行动进入新的阶段。

二、碳达峰

碳达峰指某个地区或行业年度二氧化碳排放量达到历史最高值，然后经历平台期进入持续下降阶段的过程。它标志着碳排放的重要历史转折点，也标志着碳排放与经济发展的脱钩。碳达峰的实现，意味着人类社会的经济模式将在未来一段时间内发生深刻转变。然而，这并不是一件容易的事，这需要社会积极转变发展观念，全方位全过程推行绿色规划、绿色设计、绿色投资、绿色建设、绿色生产、绿色流通、绿色生活、绿色消费。

2020 年，中国提出二氧化碳排放力争于 2030 年达到峰值。2021 年以来，中国政府出台了一系列关于碳达峰、碳中和的政策文件。比如《关于奋力推动如期实现碳达峰碳中和的提案》《关于加快建立健全绿色低碳循环发展经济体系的指导意见》，以及《2030 年前碳达峰行动方案》等，这些政策文件都为中国实现碳达峰目标提供了清晰的路线图和行动指南。

为了实现碳达峰目标，中国正在构建一个绿色低碳循环发展的经济体系，这个体系基于高效利用资源、严格保护生态环境、有效控制温室气体排放，为实现制造业的高质量发展和对环境气候的高水平保护提供了坚实基础。

实现碳达峰不仅需要政策的引导和支持，更需要市场的参与和推动。在这个过程中，碳市场成了重要抓手。中国碳市场的建设起步于 2011年，起初仅在 7 个省市进行试点。随着对碳市场的深入了解和实践经验的积累，中国于 2021 年 7 月正式启动了全国碳排放权交易市场，截至2023 年 7 月 14 日，全国碳市场碳排放配额累计成交量 2.40 亿吨，累计成交额 110.30 亿元。[①] 在此过程中，中国通过调整市场机制，为实现碳达峰提供了强大的动力和保障。

碳市场的建立，为企业提供了更多的机会和选择。碳市场通过价格信号，引导和鼓励企业采取更为环保、低碳的生产方式，推动资源优化配置。同时，通过碳排放权交易，企业可以根据自身的碳排放量和减排需求，进行碳排放权的买卖，从而激发企业减排的积极性和创新性。碳市场的运作既体现了市场经济的基本规律，又充分发挥了政府在环保、气候变化等公共领域的引导和监管作用。

在这个过程中，中国的碳达峰不仅受政策目标的激励，更受科技力量的驱动。在"成渝双城·双碳论坛 2022"上，碳达峰碳中和专利信息平台的启动，为人们提供了深入了解和掌握碳达峰科技创新的新途径和新平台。科技创新在碳达峰的过程中发挥着关键作用，无论是在提高能源利用效率方面，还是在开发和应用低碳技术方面，甚至在形成新的产业链和价值链方面，科技创新都是推动碳达峰的重要力量。

要认识到，实现碳达峰，不仅是中国的目标，也是全球的目标。在全球气候变化的大背景下，中国的碳达峰承诺显示了中国作为一个负责任大国的决心和行动。中国的碳达峰行动，既是对国内经济社会发展模

① 阮煜琳.全国碳市场成功运行两周年：减排成效逐步显现 [N].中国新闻网.2023-07-16.

式的深刻调整，也是对全球气候治理的重要贡献。中国将与全球各国一道，共同应对气候变化挑战，推动全球绿色低碳发展。

碳达峰的目标，不仅仅是控制和降低二氧化碳的排放量，更重要的是我国要通过实现碳达峰推动经济社会全面绿色转型，构建符合人与自然和谐共生的生态文明。这将是中国对人类社会发展做出的一份重要贡献，也将是人们给下一代留下的一份珍贵遗产。这场转型涉及生产方式、生活方式的全方位改变，还涉及科技进步、制度创新、文化引领等多个层面。在这个过程中，人们会看到新的产业、新的就业、新的生活方式的出现，看到中国社会在碳达峰的推动下，实现新的跨越和发展。

在这场转型中，公众的参与和理解也是不能忽视的一环。认识碳达峰，选择低碳的生活方式，是每一个公民参与碳达峰行动的方式。这需要全社会形成对碳达峰的共识，还需要每个人都明白自己在这个进程中的责任，这将大大加速碳达峰的实现。因此，对公众进行教育和引导，提升公众的环保意识和低碳生活理念，都是实现碳达峰的重要手段。

在实现碳达峰目标的过程中，中国会积累丰富的经验，创造出新的模式，为全球应对气候变化、实现绿色低碳发展提供中国方案，并由此彰显中国智慧。

三、碳中和

碳中和是一种追求环保的行为和策略，要求个体或组织量化自身排放的二氧化碳，然后采取措施，如植树造林和节能减排等形式，来抵消自身产生的二氧化碳等温室气体排放量，达到相对"零排放"。在碳中和实现过程中，企业可以直接减少排放，也可以通过购买碳补偿项目的碳信用来抵消排放。无论是哪种方式，都是为了达到减缓全球气候变化的目标。

碳中和的概念在 1997 年被首次提出，随后多年，这一概念在西方社会逐渐从"前卫"变得"大众"。2007 年，新牛津英语字典将"carbon neutral"正式编入，这反映了这个概念在公众意识中的普及程度。在如航空业的"2020年碳中和"方案等后续的国际议题中，"碳中和"一词都有着重要的应用。在中国，"碳中和"入选《咬文嚼字》发布的2021十大流行语。同年12月，"双碳"入选国家语言资源监测与研究中心发布的"2021年度中国媒体十大流行语"。

中国也在积极践行碳中和的概念。例如，2008年，中国发布了首个官方碳补偿标识——中国绿色碳基金碳补偿标识。在2020年，习近平在联合国大会上宣布，中国将在2060年前实现碳中和。这一宣言揭示了中国对全球环境治理的坚定决心，并向全世界传递了中国积极应对全球气候变化，实现绿色可持续发展的强烈信号。中国作为全球最大的二氧化碳排放国，其对碳中和的承诺对世界而言具有重大意义。

在实践中，中国在多个领域都在积极探索和实施碳中和。早在2018年，四川省就启动了碳中和项目，计划在成都龙泉山城市森林公园建设500亩碳中和林。2021年，中国在碳中和工作上取得了诸多进展，包括成都的碳中和垃圾分类站的设立、高等学校碳中和科技创新行动计划的发布、市场监管总局成立碳达峰碳中和工作领导小组及办公室，以及全国首个"碳达峰、碳中和"科普展的举办等。2022年，北京冬奥会成为首个碳中和冬奥会，江苏首个土壤碳中和项目落地南京市江宁区淳化街道。2023年，中国国际经济交流中心发布了《中国碳达峰碳中和进展报告（2022）》，显示中国在"双碳"工作上取得了稳步进展。4月，陕西省多个部门联合制定了《陕西省建立健全碳达峰碳中和标准计量体系实施方案》。这一系列的举措显示出中国在实现碳达峰和碳中和目标上的决心和努力。

在实现碳中和的过程中，各种策略和技术被提出和实施。首先是能源效率的提高，无论是家庭还是工业，能源效率的提高都是实现碳中和的关键因素。例如，使用高效设备，如LED灯、节能电器、高效锅炉等，人们可以减少需要生成的能源量。改进的建筑设计，减少供暖和冷却需求也可以提高能源效率。其次是再生能源的利用，太阳能、风能、地热能和水能等可再生能源的使用可以显著减少化石燃料的消耗，从而减少碳排放。电动汽车和其他无排放的交通方式也正在逐渐替代传统的燃油车辆，这将进一步推动中国向碳中和的目标迈进。

除了减少和替代碳排放，我国可以通过吸收和储存二氧化碳来实现碳中和。植树造林是最常见的一种方法，因为树木和其他植物通过光合作用吸收二氧化碳。我国还可以通过"碳捕集和封存"（CCS）技术将二氧化碳从大气中捕集并封存在地下，这是另一种实现碳中和的方式。

然而，碳中和并不仅仅是一项技术挑战，它还需要政策和行为的支持。企业和政府需要采取行动减少碳排放，并投资于清洁能源和碳捕集技术。同时，每个人也可以通过减少能源消耗、选择可再生能源和电动汽车、参与植树造林活动等方式做出贡献。

四、碳达峰与碳中和的关系

在全球气候变化的大背景下，碳达峰与碳中和成了重要的议题。理解这两个概念，尤其是二者之间的关系，对理解和应对全球气候变化有着至关重要的意义。

碳达峰与碳中和的概念前文已经详细介绍过，简单来说，碳达峰是指一个国家或地区的二氧化碳排放量达到历史最高点，然后开始下降的过程。而碳中和则是指一个国家或地区的二氧化碳排放量与其二氧化碳吸收量达到平衡，使其对全球气候变化的影响趋近于零。

在这两个概念之间，碳达峰是碳中和的前置条件。这是因为，只有当一个国家或地区的碳排放达到峰值并开始下降，才有可能实现碳中和，也就是实现碳排放与碳吸收的平衡。这一点可以类比于一个正在不断装水、倒水的桶，只有当桶中的水停止增加并开始减少，才有可能将桶中的水完全倒掉。

然而，碳达峰与碳中和的关系并不仅仅是顺序上的先后关系，更深层次的关系是互动和影响的关系。碳达峰的时间和峰值水平会直接影响碳中和的实现时间和难度。换句话说，碳达峰的时间越早，峰值越低，那么实现碳中和的时间就可能越早，难度也可能越小。相反，如果碳达峰的时间越晚，峰值越高，那么实现碳中和的时间就可能延后，难度也可能越大。

从更广阔的角度看，碳达峰与碳中和的关系实际上体现了应对全球气候变化的策略和方法。碳达峰是一种过程和手段，是在具体实践中减少碳排放、降低全球气候变化风险的具体方式。而碳中和则是减少碳排放、降低全球气候变化风险的最终目标，追求的是理想状态，是应对全球气候变化的最终战略目标。

尽管碳达峰与碳中和的关系看起来很简单，但在实际应对全球气候变化的过程中，这却是挑战性极大的任务。二者不仅仅是一个简单的口号和目标，更是一场对社会经济发展模式展开的全面转型，包括能源结构、产业结构、技术结构、消费结构等各个方面的深度变革。

实现碳达峰要求迅速而有效地控制和减少碳排放。这需要我国转变能源结构，尽快淘汰高碳能源如煤炭，大力发展和利用清洁能源，如太阳能、风能等。另外，我国还需要通过技术创新和应用，提高能源利用效率，减少碳排放。

实现碳中和则不仅需要控制碳排放，还要增加碳吸收。这就需要我国持续保护和恢复生态系统，如森林、湿地等，这些生态系统可以通过光合作用吸收大量的二氧化碳。碳中和的实现还需要开发和应用碳捕集和封存等技术，将排放到大气中的二氧化碳捕集并封存起来，以减少碳排放。

需要强调的是，实现碳达峰与碳中和，除了技术和经济因素之外，还需要政策和制度的支持。政府需要出台一系列政策，推动碳达峰与碳中和的实现，包括推动碳排放权交易、实施碳税、提供清洁能源的政策支持等。同时，政府还需要通过教育和宣传，增强全社会的环保意识和低碳意识，倡导低碳生活，引导和激励每一个人参与到碳达峰与碳中和的行动中来。

总之，碳达峰与碳中和是应对全球气候变化的重要目标。实现"双碳"战略需要全社会的共同努力，需要全国在技术、经济、政策等方面进行转型和创新。只有这样，我国才能有效应对全球气候变化，保护人类共有的地球家园。

五、"双碳"战略的意义

"双碳"战略具有多方面的意义，如图 1-2 所示。

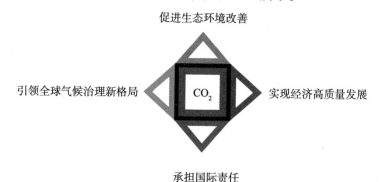

图 1-2 "双碳"战略的意义

（一）促进生态环境改善

"双碳"战略对促进生态环境改善意义深远。该战略旨在减少碳排放，特别是来自化石燃料，如煤、石油、天然气等的碳排放。

在现代社会中，化石燃料的广泛使用已成为导致全球气候变暖的主要因素之一，"双碳"战略的实施将积极推动清洁能源的发展和应用，如太阳能、风能、核能等，将它们作为替代化石燃料的重要能源。这不仅能够减少人们对化石燃料的依赖，从而减少碳排放，还能有效改善空气质量，降低 CO、SO_2、N_yO_x 等有害气体的排放，这可以有效改善人类的生活环境。

"双碳"战略强调要增加碳的吸收和存储。这需要人们在生态环境保护和修复方面做出更大的努力。比如，加大对森林、湿地等重要生态系统的保护力度，以增强其碳汇功能；通过科学的方式，如植树造林、湿地恢复等，增加碳的吸收和存储。这些措施不仅可以帮助我国实现"双碳"战略目标，也有利于生物多样性的保护，从而为人类提供更多的生态服务，如净化空气、保持水源清洁、防止土壤侵蚀等。生态环境的改善，将为人类创造一个更加宜居的环境，为后代留下一个生机勃勃的世界。

"双碳"战略的实施将推动经济社会发展模式向更为绿色、低碳的方向转变，这有利于我国实现政策、产业、技术、消费等各个层面的绿色转型。在政策层面，更多的绿色政策将会出台，这将引导和推动社会各界积极参与低碳行动。在产业层面，产业结构将会调整，我国将重点发展绿色低碳产业，如清洁能源、电动汽车、绿色建筑等，淘汰高污染、高排放的产业。在技术层面，绿色技术如能源效率提升技术、"碳捕集与封存技术"等的研发和推广力度将会加大，我国将通过技术创新来推动各行各业实现绿色低碳转型。在消费层面，人们将采取更环保的生活方式，如节能、减排、绿色出行等，以形成绿色消费新习惯，推动社会的绿色转型。

"双碳"战略的实施，将带来一场深刻的社会经济变革，这是一场以绿色、低碳为主题的变革，旨在建立和谐、可持续的人与自然的关系。这场变革将对经济社会发展模式、生产方式、消费方式、生活方式等各方面产生深远影响，它将改善生态环境，提高人们的生活质量，创建一个美好的绿色未来。

（二）实现经济高质量发展

在经济高质量发展的视角下，实施"双碳"战略的首要任务是摆脱过去的低效、高排放的生产模式。在这个过程中，我国需要构建一个高效、环保、创新驱动的经济结构。这意味着我国需要在产业层面进行深度的转型和升级，其次，我国既要大力发展新兴的绿色产业，如新能源、新材料、新能源汽车等，又要对传统产业进行绿色改造，推动传统产业向低碳、环保的方向发展。这样的产业转型不仅可以减少碳排放，还可以创造出更多的就业机会，提高劳动生产率，从而实现经济的高质量发展。

"双碳"战略的实施也意味着能源结构的深度调整，这需要人们大力发展和利用可再生能源，如太阳能、风能、水能等，并以此逐步替代化石燃料。这样的能源结构调整不仅可以有效减少碳排放，而且能够提高能源利用效率，降低能源成本，增强中国的能源安全，进一步支撑经济的高质量发展。

"双碳"战略将推动制度建设、技术创新、人才培养等方面的深入改革。例如，建立健全低碳经济的法律法规体系，激励企业和个人参与低碳活动；加大对低碳技术研发的投入，培育出一批具有自主知识产权的关键技术；通过教育和培训，增强全民的环保意识，提升全民的低碳技能，为低碳经济提供人才支持。这些深入改革的策略将为实现经济的高质量发展提供强有力的支撑。

总之，"双碳"战略的实施，将推动中国的经济发展模式实现从量变到质变的重大跃升，为中国经济实现高质量发展打下坚实基础。以碳达峰、碳中和引领经济转型，推动产业、能源、技术、制度等多方面的变革，是实现经济高质量发展的重要路径。

（三）承担国际责任

作为世界上最大的发展中国家和第二大经济体，中国承诺到 2030 年前达到碳排放峰值，并在 2060 年实现碳中和，这本身就是对全球气候治理的重大贡献。不仅如此，中国正在制定和实施一系列严格的政策措施，以确保能实现这些承诺。在面临多重挑战的情况下，中国积极稳步推进碳达峰碳中和工作，在节能、优化能源结构等方面取得了一系列成就，这是中国为全球气候治理做出贡献的真实体现。2021 年，单位国内生产总值（GDP）二氧化碳排放比 2020 年降低 3.8%，比 2005 年累计下降 50.8%，非化石能源占一次能源消费比重达到 16.6%，风电、太阳能发电总装机容量达到 6.35 亿千瓦，单位 GDP 煤炭消耗显著降低，森林覆盖率和蓄积量连续 30 年实现"双增长"。[①]

"双碳"战略体现了中国对推动全球深化气候治理的积极作为。在实现自身碳减排目标的同时，中国也积极配合国际社会共同应对气候变化。在各种国际论坛上，中国积极倡导全球绿色发展，提出并推动一系列关于气候变化、能源转型、绿色金融等方面的国际合作倡议。此外，中国还主张建立全球碳市场，通过市场机制，激励各国更加积极地减排。

应对气候变化，需要全球各国的共同努力，而中国作为世界的重要一员，有责任也有能力在这个过程中发挥关键作用。在 2020 年第七十五届联合国大会上，中国是首个以发展中国家的身份提出碳达峰、碳中和目标的国家，中国的"双碳"目标，不仅是对自身的承诺，也是对全球的承诺。中国的"双碳目标"不只体现了中国对自身可持续发展的决心，更体现了中国对全球气候治理和人类可持续发展的责任担当。

（四）引领全球气候治理新格局

"双碳"战略是中国对全球气候治理的深思熟虑之举，它体现了中国以实际行动应对全球气候变化的决心。这一举措无疑给全球气候治理设置了新的坐标，标明了新的方向。"双碳"战略的提出不仅为中国自身的绿色发展提供了全新的路径，也为全球气候治理提供了一种新的思路和

---

① 中华人民共和国生态环境部.中国应对气候变化的政策与行动 2022 年度报告 [EB/OL].（2022-10-27）[2023-05-30].https://www.mee.gov.cn/ywgz/ydqhbh/syqhbh/202210/t20221027_998100.shtml.

方案，这将有助于中国推动全球气候治理进入一个新的阶段。

首先，中国的"双碳"战略向全球提供了一个应对气候变化的新的参考模式。中国正在以前所未有的决心和行动，积极推动全面绿色转型，以实现碳排放峰值和碳中和的目标。在能源、工业、交通、建筑、农业等各个领域，中国都在实施一系列强有力的政策和措施，以促进低碳转型。2021年，《中共中央国务院关于完整准确全面贯彻新发展理念做好碳达峰碳中和工作的意见》《2030年前碳达峰行动方案》相继发布，明确了碳达峰碳中和工作的时间表、路线图、施工图。随后，重点领域、重点行业实施方案及相关支撑保障方案相继制定，中国总体上已构建成目标明确、分工合理、措施有力、衔接有序的碳达峰碳中和"1+N"政策体系。① 这种全方位、全领域的绿色转型策略，为全球各国提供了参考和借鉴。

其次，中国的"双碳"战略推动了全球气候治理的深化和广泛参与。中国在推动自身绿色转型的同时，也积极推动了全球气候治理的国际合作。中国已经与许多国家和地区建立了广泛的气候变化合作关系，双方共享技术、经验和资源，共同应对气候变化的挑战。这种合作和分享的精神，将有助于加大全球气候治理的深度和广度，推动全球气候治理进入一个新的发展阶段。

最后，中国的"双碳"战略有助于塑造全球气候治理的新格局。中国以实际行动提升了其在全球气候治理中的影响力和地位。中国的"双碳"战略为全球气候治理提供了新的思考和视角，这将推动全球气候治理向更加公正、公平、合作的方向发展。

---

① 中华人民共和国生态环境部．中国应对气候变化的政策与行动2022年度报告 [EB/OL]．（2022-10-27）[2023-05-30].https://www.mee.gov.cn/ywgz/ydqhbh/ syqhbh/202210/t20221027_998100.shtml.

第二节　转型是制造业高质量发展的必由之路

一、制造业概述

制造业从字面上理解，是指利用各种资源（如物料、能源、设备、工具、资金、技术、信息和人力等）经过特定的制造过程，将原材料转化为具有使用价值的产品的产业。深挖其内涵，制造业承载着一个国家的经济实力，代表了一个国家的工业水平，是社会进步和文明的重要标志。

制造业的定义虽然简单，但其背后却包含了一系列复杂且精密的流程。制造业的生产流程包括产品设计、制造、原料采购、仓储运输、订单处理、批发经营、零售等环节。在这个流程中，每一个环节都必须精准无误，任何一个环节的失误都可能导致整个生产链的中断，影响最终产品的质量和数量。因此，制造业不仅要有先进的技术，还要有高效的管理。

制造业是第二产业的核心，是现代工业社会的基础，其繁荣程度直接影响到一个国家的经济发展，是一个国家综合实力的重要象征。制造业的强弱，往往决定了一个国家在国际竞争中的地位。可以说，无"农"不稳，无"工"不强，制造业的发展水平代表了一个国家的生产力发展水平。

制造业的重要性不仅在于其对经济的直接贡献，还在于它的技术创新能力。在制造业中，新技术、新材料、新设备的应用和推广，往往可以极大地提高生产效率，降低生产成本，提高产品的质量和附加值，从而推动经济的持续健康发展。同时，制造业还是技术创新的重要载体，许多新技术、新理论都是在制造业的生产实践中得到验证和完善的。

根据中国修订发布的最新行业分类标准将制造业分为31类，如表1-1所示：

表1-1 中国制造业分类表

制造业		
门类代码	大类代码	类别名称
C	13	农副食品加工业
	14	食品制造业
	15	酒、饮料和精制茶制造业
	16	烟草制品业
	17	纺织业
	18	纺织服装、服饰业
	19	皮革、毛皮、羽毛及其制品和制鞋业
	20	木材加工和木、竹、藤、棕、草制品业
	21	家具制造业
	22	造纸和纸制品业
	23	印刷和记录媒介复制业
	24	文教、工美、体育和娱乐用品制造业
	25	石油、煤炭及其他燃料加工业
	26	化学原料和化学制品制造业
	27	医药制造业
	28	化学纤维制造业
	29	橡胶和塑料制品业
	30	非金属矿物制品业
	31	黑色金属冶炼和压延加工业
	32	有色金属冶炼和压延加工业
	33	金属制品业
	34	通用设备制造业
	35	专用设备制造业
	36	汽车制造业
	37	铁路、船舶、航空航天和其他运输设备制造业
	38	电气机械和器材制造业
	39	计算机、通信和其他电子设备制造业
	40	仪器仪表制造业
	41	其他制造业
	42	废弃资源综合利用业
	43	金属制品、机械和设备修理业

* 资料来源：国民经济行业分类（GB/T 4754—2017）

二、中国制造业的发展与转型

（一）中国制造业的发展概况

制造业作为一个国家经济活力的重要组成部分，不仅代表了一个国家工业水平的实力，也是衡量国家经济发展的重要尺度。在过去几十年，中国制造业飞速发展，从初级的家庭作坊式小规模生产，到如今的大规模现代化制造，变化可谓是翻天覆地。

中国制造业的崛起，得益于一系列的国家政策引导和市场环境的积极推动。经过多个五年计划的不断深入，中国制造业实现了飞速发展，大大促进了国民经济的增长。无数先辈身体力行，通过不断的学习与探索，收集并获取了大量相关的基础理论研究成果，对智能制造技术有了深入的理解和掌握。于是，中国制造业的数字化初具规模，这在很大程度上提高了制造业的生产效率和产品质量。

然而，与全球制造业大国相比，中国制造业的发展仍存在一些挑战。虽然中国制造业的规模已经居于世界前列，但是人均生产效率还有待提升，这与中国庞大的人口基数有关，但也反映出中国制造业在提高生产效率和降低能耗方面还有很大的提升空间。同时，中国制造业在技术创新方面还需要加强。虽然我国在一些领域已经取得了重要的技术突破，但是在核心技术的自主研发和拥有自主知识产权的产品上，还需要做出更大的努力。这意味着中国制造业在迈向工业 4.0 的道路上，还需要付出更多的努力。

尽管如此，中国制造业的发展前景依然光明。未来，中国将进一步推动制造业的转型升级，通过深化"两化融合"，即信息化与工业化的深度融合，推动制造业向智能化、绿色化、服务化方向发展。同时，中国制造业还需继续加大技术研发力度，加强自主创新，努力在核心技术上取得突破，并进一步完善制造业的基础设施建设，提升制造业的数字化水平，以适应未来制造业的发展需要。

回顾来看，中国制造业虽然在发展过程中遇到了一些挑战，但这些挑战并未阻止中国制造业前进的步伐。相反，它们为中国制造业提供了一个转型升级，迈向高质量发展的契机。在新的历史条件下，中国制造业将以更加开放、更加自信的姿态，迎接新的挑战，实现新的发展。

（二）中国制造业转型的必要性与迫切性

随着全球经济的发展和竞争加剧，中国制造业需要寻求更高效、创新、可持续的发展道路。特别是在当前发达国家实施再工业化战略、全球制造业格局不断演变的背景下，中国制造业面临着新的挑战和机遇。因此，中国制造业转型升级的必要性和迫切性已经成为国家战略和产业发展的重要议题。

中国制造业的发展历程表明，基于要素的低成本战略已经面临瓶颈，无法持续支撑中国制造业的高速增长。长期以来，中国制造业依赖于低劳动力成本、低环保标准和低资源价格等要素优势，形成了产能过剩和要素市场扭曲的挑战。然而，随着全球经济一体化的推进，劳动力成本逐渐上升，环保要求不断提高，资源价格波动加剧，中国制造业的低成本优势正逐步消失。对此，实现制造业转型升级，发展基于创新的差异化战略，已经成为中国制造业摆脱低成本陷阱、提高产业竞争力的必然选择。

与此同时，发达国家的再工业化将催生新的制造系统和生产设备产业，为中国制造业转型升级提供新的契机。在工业4.0的浪潮下，发达国家正加快推进制造业与服务业、信息产业、新材料产业等的深度融合，形成新的产业链和价值链。这为中国战略性新兴产业的培育和发展创造了有利条件，也为中国制造业转型升级指明了方向。中国应该在提升服务业比例的同时，关注制造业与服务业的内在衔接关系，围绕提升制造复杂工业产品能力来制定服务业的发展战略，实现制造业与服务业的高质量发展。

除了上述两个方面,中国制造业转型升级的必要性与迫切性还体现为国内市场的巨大潜力和外部环境的不确定性。在国内市场方面,随着居民消费能力的提升和消费结构的升级,人们对高质量产品和服务的需求不断增长,这要求制造业提高产品质量和品牌价值,满足消费升级的需求。在外部环境方面,随着全球贸易摩擦加剧,国际产业链和供应链的稳定性和安全性迎来了挑战,这要求中国制造业在转型升级的同时,加强自主创新能力,提高产业链和供应链的自主可控性。

中国制造业转型的必要性与迫切性是明显的,这既是中国经济发展的必然要求,也是中国制造业适应全球经济变化和国内市场需求的需要。在新的发展阶段,中国需要以科技创新为引领,以市场需求为导向,以质量效益为核心,推动制造业的转型升级和高质量发展。

三、制造业转型方向——高质量发展

(一)高质量发展理念

高质量发展是一个深刻的概念,旨在建立健全绿色低碳循环发展的经济体系,它是中国在新的历史条件下对经济社会发展规律的深刻理解和实践。这一理念指导中国在发展社会经济的过程中,坚持以人民为中心,以创新为动力,以协调为标尺,以绿色为底色,以开放为抓手,以共享为宗旨,全面提升发展质量和效益,全面推动经济社会持续健康发展,如图1-3所示。

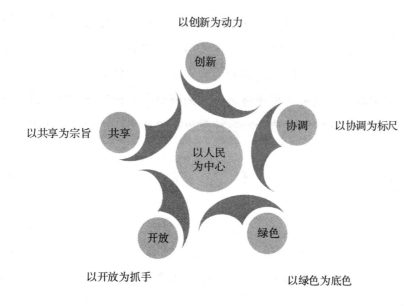

图 1-3 高质量发展理念

高质量发展的本质是经济发展的一场深层次转型，这是我国对未来经济发展方向的重新定位，它强调的不仅仅是经济增长的速度，更重要的是提升经济发展的质量、效益和可持续性，它关注的是经济社会发展的全局和长远。这意味着中国经济要告别过去那种只顾眼前、只追求速度和规模的发展模式，将经济发展的重心从过去的发展速度转移到了发展质量。这是时代的选择，是经济发展规律的必然，它回应了人民对美好生活的需求，也反映了中国对经济发展的新期待。

高质量发展的理念还关注人民福祉，它不仅追求物质富裕，更追求环境优美，强调经济与社会的协调发展、城乡的均衡发展、人与自然的和谐共生。从这个角度来看，高质量发展理念倡导的是一种公平、公正、共享的发展模式。这就要求中国经济在发展过程中，既要注重经济效益，也要注重社会效益；既要注重当前，也要考虑长远；既要注重自身，也要考虑全球。

除了关注发展质量和人民福祉，高质量发展的理念在发展行动上也得到了充分体现。高质量发展强调创新驱动，重视科技在经济社会发展中的核心作用，它要求中国制造业在发展中追求新理念、新技术、新业态、新模式，不断提高国家创新能力和水平。高质量发展还强调绿色发展，要求制造业在发展中保护环境，节约资源，实现经济发展与环境保护的双赢。这要求中国制造业既要注重提高生产力，也要注重提高生态效益。

最后，高质量发展的理念还体现在发展目标上。高质量发展的目标不仅是经济增长，还是全面提升国民经济和社会发展质量和效益，更是全面建设社会主义现代化国家，实现中华民族伟大复兴。高质量发展要求中国制造业在发展的过程中，既要提高经济效益，也要提高社会效益；既要关注物质生活，也要关注精神生活；既要追求经济发展，也要追求社会进步。

（二）制造业高质量发展

中国制造业作为国家经济的重要支柱，正在经历一场深刻的转型升级，这是一场从传统制造业向高质量制造业的历史性跨越。这一过程的关键在于五大基本理念：创新、协调、绿色、开放和共享。这五大理念，既是中国制造业转型升级的总方向，也是实现转型目标的行动指南。

创新是制造业高质量发展的内生动力。在全球制造业竞争日益激烈的大背景下，只有通过不断的技术创新和管理创新，中国制造业才能在全球分工体系中找到自己的位置，进而在全球价值链中占据有利地位。对此，制造业要把创新放在发展全局的核心位置，更加积极地鼓励创新，更加有效地保护创新，更加广泛地应用创新。这不仅包括科技创新，还包括制度创新、管理创新、业态创新等各方面。通过大力推动创新，中国可以实现从制造大国向制造强国的历史性跨越。

协调是中国制造业高质量发展的基本原则。在全球化的大背景下，中国制造业的发展既要必须考虑全球市场的需求和变化，还要考虑国内经济的平衡和稳定。制造业的发展要推动区域间的协调发展，充分发挥各区域的优势，避免盲目的重复建设和无序竞争。同时，制造业发展也要注重各产业间的协调性，推进自身与服务业的深度融合，以形成新的竞争优势。协调意味着制造业要坚持全面发展，注重经济发展与社会进步的统一，注重经济发展与人的全面发展的统一，注重经济发展与生态文明建设的统一。

绿色是制造业高质量发展的重要路径。它要求我国制造业在追求经济效益的同时，不能忽视对环境的影响。制造业发展要坚持绿色发展的理念，积极推广清洁生产和循环经济，减少制造业对环境的影响。同时，制造业还要利用新技术，如节能技术、环保技术等，提高资源的利用效率，实现经济效益和环境效益的双赢。绿色发展不仅是对国家未来的责任，也是制造业提升自身竞争力的必然选择。

开放是制造业高质量发展的重要手段。制造业要求坚持开放的态度，积极参与国际合作，引进先进的技术和管理经验。同时，制造业也要积极走出去，将制造业的产品和技术输出到世界，提升中国制造的国际地位和影响力。开放不仅可以帮助制造业更好地学习和吸收国际先进的技术和管理经验，也可以帮助制造业更好地展示中国制造业的实力和魅力，使其更好地参与全球竞争和合作。

共享是制造业高质量发展的重要目标。制造业转型与发展要坚持以人民为中心的发展思想，让广大人民群众分享制造业发展的成果；要提高产品质量、创新技术和创造良好的就业环境，增加民众的收入和福祉；还要关注社会公平和资源分配问题，努力缩小城乡差距和区域差距，确保每一个人都有机会参与制造业的发展，享受制造业发展的成果。

在这五大基本理念的指导下，中国制造业正在逐步摆脱过去低附加值、高耗能、高污染的发展模式，转向高质量、绿色、智能、可持续的发展道路。这将有利于提升中国制造业的核心竞争力，推动国家经济的持续健康发展，同时也为全球经济增长做出积极贡献。

四、制造业高质量发展的意义

就当前局势而言，全面推进制造业高质量发展，不仅是国内制造业变革的初衷，还是提升我国国际地位的必经之路，更是中国工业向 4.0 阶段迈进的基础保障。制造业高质量发展可以协助解决人民日益增长的美好生活需要的不平衡、不充分的发展之间的矛盾同时推动经济进步和社会进步，其意义如图 1-4 所示。

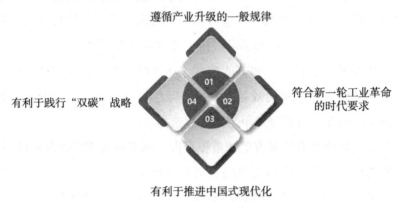

图 1-4　制造业高质量发展的意义

（一）遵循产业升级的一般规律

制造业高质量发展遵循了产业升级的一般规律。从发达国家工业化发展历史来看，制造业的高质量发展和转型升级一直是整个生产业周期的主线，其前期高投入、低产出的模式已在悄然升级，这不仅是为了减少对环境的破坏，还是因为随后期综合投入成本的提升降低了可支配的收入，人口红利逐渐消失，劳动密集型制造业的成本逐年提高，制造业进入瓶颈期。

在这种种经济发展趋势下，谋求转型成为制造业发展的第一要义。国外制造业成功实现产业升级和高质量发展的实践证明，只有与时俱进，不断升级改造技能技术，提升生产效率，制造业才能真正成为高收入行业，提升国家综合国力。

（二）符合新一轮工业革命的时代要求

制造业高质量发展符合当前世界新一轮工业革命的时代要求。当前科技发展迅速，新一轮的工业革命即将到来，中国必须牢牢抓住工业革命给高质量制造业发展带来的时机。

如今，更加"智能"的工业革命即将到来，人工智能将会是智能制造的一大方向，它可以有效地化解制造业成本不断上升、回报率不断下降的问题，因此，制造行业内部必须形成合力，统一价值取向，避免恶意竞争。

当然，高质量制造业的发展也非一朝一夕就能实现的，这需要中国制造业坚持努力，这是一项长久而系统化的工程。无论如何，中国制造业都应该保持抓住机遇、迎接挑战的心态，将创新的驱动力发挥到最大，中国定能迎头赶上，利用新一轮革命在世界制造领域占据优势地位。

（三）有利于推进中国式现代化

在加入 WTO 之后，中国制造业的发展经历了从装配生产到先进制造，从应用技术到核心技术的转变过程。在这一过程中，中国不仅巩固和增强了通用制造业的优势，还在许多产业领域赶超了西方国家。然而，虽然中国已经建立起门类最齐全的产业体系，虽然这一产业体系的供应链配套齐全，基础设施完善，但中国仍在许多产业的核心技术方面还有很多方面有待加强。随着国际市场的专利壁垒越来越高，中国的制造业面临巨大的挑战。因此，加快产业转型升级，突破"中等技术陷阱"，构建先进制造能力，进入产业链的中高端，保障供应链自主可控，成为中国制造业发展的重要任务。

在此背景下，制造业的高质量发展，无疑是推进中国式现代化的重要步骤，这不仅可以促进中国经济的可持续增长，推动社会就业和社会稳定，而且有助于提升中国的国际地位。具体而言，通过技术创新、产业升级和全球化经营，中国制造业可以实现更高附加值的产出，从而提高国内生产总值和人均收入水平。这将为国家提供更有力的财政支持，用于改善民生、保障社会公平和发展教育、医疗等基础设施。而升级后的制造业将产生更多高技能、高薪资的就业岗位，这有助于缓解就业压力，促进人力资本的优化配置，提高社会整体的生产效率。更多的就业机会有助于维护社会稳定，能为实现中国式现代化创造良好的社会环境。在国际社会上，随着中国制造业在核心技术、高端装备、器件、材料等领域的突破和创新，中国在全球产业链中的地位将逐步上升，形成更强大的国际竞争力，这可以进一步提升中国在全球经济和政治舞台上的话语权，为实现中国式现代化创造坚实基础。

（四）有利于践行"双碳"战略

制造业是全球碳排放的主要来源之一，而在中国，制造业的碳排放占据了全国碳排放的大部分。因此，制造业的发展直接影响中国"双碳"战略目标的实现，即到 2030 年前碳排放达到峰值，2060 年实现碳中和。

制造业高质量发展是以创新驱动、绿色低碳为主导，以满足人民日益增长的美好生活需要为目标，深化供给侧结构性改革，提高全要素生产率为核心的发展模式。在此模式下，制造业将更加注重在生产过程中的能源利用效率，它将通过技术创新和工艺改进，减少单位产品的能源消耗和碳排放，从而推动制造业向绿色、低碳方向转型。

与此同时，制造业高质量发展可以促进能源结构的优化。在过去的发展中，制造业长期依赖于传统化石能源，这会产生大量的碳排放。然而，随着科技的进步和绿色发展理念的深入人心，新能源和清洁能源开始得到广泛的应用。制造业可以通过技术创新和工艺改进，提高能源利用效率，减少单位产品的碳排放，从而降低整体的碳排放。

循环经济也是一种以资源再生和循环利用为核心的经济模式，这可以有效减少新资源的开采和利用，从而降低碳排放。在这个过程中，制造业起着关键作用。例如，制造业通过改进产品设计，使产品更易于回收和再利用；又如，制造业通过提高生产过程中的资源利用率，减少废弃物的产生；再如，制造业通过发展再制造业，将废旧产品再次转化为可用产品。

制造业高质量发展还可以推动碳市场的发展。在全球范围内，碳市场已经成为制造业控制和减少碳排放的有效途径，制造业作为碳市场的重要参与者，可以通过购买和出售碳排放权，实现碳排放的减少。

第三节 工业 4.0 与"中国制造 2025"

一、工业 4.0 战略

为了提高德国的工业竞争力，以西门子为首的德国公司及德国学术界和产业界在 2013 年推出了工业 4.0 战略，如图 1-5 所示。

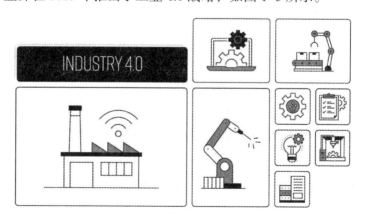

图 1-5 工业 4.0 战略

工业 4.0，是指推动和支持工业领域新一代革命性技术研发和创新的改革运动。这个源自德国并在全球范围内引起广泛关注的概念，其实就是一场旨在推动和支持工业领域新一代革命性技术的研发和创新的运动。它预示着全球制造业即将进入一个全新的、智能化的、自动化的、数据驱动的时代。

具体来看，工业 4.0 的核心是通过数字技术与制造业的深度融合，推动整个制造业的智能化、网络化和服务化，实现制造业的高效、灵活和个性化生产。这一核心包含了一系列颠覆性的技术与理念，包括但不限于：机器视觉、射频识别（RFID）、传感器技术、云计算、3D 打印、高端机器人、智能机床、系统集成、工业以太网、工业自动化等。这些技术在很大程度上改变了制造业的生产方式，提升了生产效率，同时也提高了产品的质量和性能。

工业 4.0 战略，无疑是德国制造业迎接全新发展阶段的一次重大变革。自 2013 年德国正式提出这个概念以来，它已经成为全球制造业智能化转型的重要参考和风向标。

工业 4.0 战略首先将数字技术应用到制造业的研发环节，它通过物联网平台的建设，实现产品虚拟化和数字化。这种虚拟化和数字化的研发模式能够更准确、更直观地模拟产品的研发过程，从而缩短产品的研发周期，降低研发风险。同时，数字技术也能够有效地集成各种研发资源，实现研发资源的高效利用，提高研发效率。

在生产环节，工业 4.0 战略将数字技术与制造业深度融合，通过安装在生产线和机器设备上的传感器，实时收集生产过程中的各种数据，实现生产过程的精细化管理和控制。这种数据驱动的生产模式，不仅能够准确地掌握生产过程的每一个环节，也能够及时发现并解决生产中的问题，从而提高生产效率，降低生产成本。

在销售环节，工业 4.0 战略通过数字技术和大数据分析，实现对产品生命周期的全程管理和控制，这能提升供应链的管理效率，降低管控成本。这种基于数据的销售模式，能够实现产品供需的精准匹配，避免资源的浪费，形成消费驱动的商业模式。

在售后服务环节，工业4.0战略通过物联网和大数据技术，实现设备的智能维护，预先发现可能出现的售后问题，以提高售后服务的效率和质量。这种智能化的售后服务模式，不仅能够提高用户的满意度，也能够减少售后服务的成本，提高企业的整体效益。

然而，工业4.0战略的实施也面临着一些挑战。首先，德国在人工智能和其他关键数字技术的投资上存在一定的不足，这使得在构建智能化平台和实现数字化协作的过程中，可能会遇到一些困难。其次，尽管德国在人工智能领域的基础研究实力强大，但在将这些技术转化为商业应用方面还存在一些短板。这也导致了数字技术在制造业中的应用价值没有得到最大化的发挥。最后，由于智能化生产可能会对部分从业人员的就业形成威胁，因此，工业4.0战略的推动可能会遭遇部分利益相关者的反对和阻碍。

为了应对这些挑战，德国于2019年提出了"国家工业战略2030"计划。这个计划强调了政府在推动制造业发展和人工智能技术应用中的主导作用。政府将集中政策、科研、企业力量投入人工智能领域，以缩小与全球领先国家在这一领域的技术差距。同时，德国政府也呼吁制造业的利益相关者共同参与，通过制造业的发展解决就业问题，提高工人的福利待遇，并创造更多的教育和培训机会。

二、"中国制造2025"的提出与主要内容

（一）"中国制造2025"的提出

在21世纪的今天，制造业已然成为我国国民经济的主干，它是立国之本，兴国之器，强国之基。从18世纪中叶开始，工业文明的开启就频频证明了这一点，世界强国的兴衰史和中华民族的奋斗史一再告诉人们，

没有强大的制造业，就没有国家和民族的强盛。因此，打造具有国际竞争力的制造业，是中国提升综合国力、保障国家安全、建设世界强国的必由之路。

自中华人民共和国成立以来，特别是改革开放以来，中国制造业持续快速发展，建立了门类齐全、独立完整的产业体系，有力地推动了工业化和现代化的进程，显著增强了综合国力，支撑了中国在世界舞台上的大国地位。然而，中国制造业仍需在自主创新能力、资源利用效率、产业结构水平、信息化程度、质量效益等方面得到进一步提升和优化，因此，制造业的转型升级和跨越发展的任务异常紧迫且艰巨。

工业 4.0 的理念与中国制造业转型升级的自标相契合。在中国，工业化与信息化的融合发展已经成为国家战略，而工业 4.0 正是这一战略的最好实践。在面临全球竞争压力加大、环境资源约束日趋严重、消费者需求日益多元化的背景下，中国制造业必须通过技术创新和产业升级，以实现由传统制造向智能制造的转变。

为了实现这一转变，中国政府在 2015 年提出了"中国制造 2025"这一宏大计划。这一计划由百余名院士和专家精心制定，为中国制造业在未来十年的发展设计了顶层规划和路线图。希望通过努力，实现中国制造向中国创造、中国速度向中国质量、中国产品向中国品牌的三大转变，推动中国在 2025 年基本实现工业化，迈入制造强国的行列。

关于"中国制造 2025"的提出，最早可以追溯到 2015 年 3 月 5 日，当时，全国两会上的《政府工作报告》首次提出了这一宏大计划。在接下来的 20 天内，国务院常务会议召开，部署加快推进实施"中国制造 2025"，以实现制造业的升级。随后的几个月，我国一直在推动"中国制造 2025"计划的实施。在 2015 年的 4 月、7 月和 11 月，我国先后就经济形势召开了三次专家和企业负责人座谈会。这些座谈会邀请了来自钢铁、装备制造、物流等多个传统制造业领域的企业负责人参会，"中国制造 2025"成为每次座谈会上必提的话题。

2016 年 8 月，我国召开国务院常务会议，部署促进消费品标准和质量提升，增加"中国制造"的有效供给以满足消费升级需求。这一举措进一步推动了"中国制造 2025"的实施。

2021 年 11 月 4 日，中国工业和信息化部等四部门对外发布《智能制造试点示范行动实施方案》，并提出到 2025 年，我国将建设一批技术水平高、示范作用显著的智能制造示范工厂。这一方案的发布，标志着"中国制造 2025"已经进入了实质性的实施阶段，中国制造业也正在朝着强国的目标稳步前进。

"中国制造 2025"的实施，带动了中国制造业结构的优化和升级。在这个过程中，一些传统的低端制造业正在逐步被高技术含量、高附加值的先进制造业所取代。同时，智能化、网络化、服务化的新型制造模式也正在逐步兴起，为中国制造业带来了新的发展机遇。随着"中国制造 2025"的推进，中国制造业的产业链、供应链和价值链也正在发生深刻变革。一方面，中国正在加快推进制造业的数字化、网络化和智能化，以此打造一条高效、灵活、绿色的智能制造新型产业链；另一方面，中国也在不断优化制造业的供应链，提升供应链的效率和稳定性，以此应对全球供应链的不确定性风险。此外，中国还在努力推进制造业的价值链升级，通过提高产品质量和品牌价值，提高制造业的附加值，以此实现从制造大国向制造强国转变。

（二）"中国制造 2025"的主要内容

1. 指导思想

"中国制造 2025"是中国制造业转型升级的宏伟蓝图，是中国由制造大国向制造强国迈进的重要战略。这一战略的指导思想是中国制造业转型升级的灵魂。该战略要求我国在全面贯彻党的十八大精神的基础上，坚定不移地走中国特色新型工业化道路，以创新驱动制造业的发展，以提质增效为核心，加快新一代信息技术与制造业的深度融合，推进智能制造，满足经济社会发展和国防建设对重大技术装备的需求；致力于强化工业基础能力，提高综合集成水平，完善多层次多类型的人才培养体系，促进产业转型升级，培育有中国特色的制造文化，实现制造业的历史跨越。

2. 基本方针

在实施"中国制造 2025"战略的过程中，我国制造业要坚定信心，以创新驱动，质量为先，绿色发展，结构优化，人才为本为行动指南，全力推动中国制造业的高质量发展，实现制造强国的目标，如图 1-6 所示。

图 1-6　"中国制造 2025"的基本方针

坚持创新驱动，指将创新放在制造业发展的核心位置，完善创新的制度环境，推动跨领域跨行业的协同创新，突破一批关键技术，推动制造业的数字化、网络化、智能化发展。

坚持质量为先，指将质量视为制造强国的生命线，强化企业的质量主体责任，加强质量技术攻关，培育自主品牌。

坚持绿色发展，指将可持续发展作为制造强国的重要着力点，加强节能环保技术的推广应用，全面推行清洁生产，发展循环经济，提高资源回收利用效率，构建绿色制造体系。

坚持结构优化，指将结构调整作为制造强国的关键环节，大力发展先进制造业，改造提升传统产业，推动制造业由生产型向服务型转变，优化产业空间布局，培育一批具有核心竞争力的产业集群和企业群体。

坚持人才为本，指将人才视为制造强国的根本，建立科学合理的选人、用人、育人机制，加快培养制造业发展急需的专业技术人才、经营管理人才、技能人才，建设一支素质优良、结构合理的制造业人才队伍。

这些基本方针构成了中国制造业转型升级的行动纲领，为我国成为制造强国指出了明确的方向。

3. 基本原则

在实施"中国制造 2025"的过程中，我国制造业要坚持四大基本原则。

原则一：市场主导，政府引导。

即我国制造业要深化改革，让市场在资源配置中发挥决定性作用，同时积极转变政府职能，为企业创新和发展提供有力支持。

原则二：立足当前，着眼长远。

指我国制造业既要解决现阶段制造业发展中的问题，又要预见未来发展的趋势，做好长远规划。

原则三：坚持整体推进，重点突破。

即我国制造业要把制造业的发展看作一盘大棋，进行全面布局，同时注重关键领域和关键技术的突破。

原则四：坚持自主发展，开放合作。

指在关键领域和关键技术上，要掌握自主知识产权，还要积极参与全球合作，借鉴和吸收国际上的先进经验和技术。

4. 总体结构

"中国制造 2025"的总体结构，可以用"一二三四五五十"来概括。如图 1-7 所示。

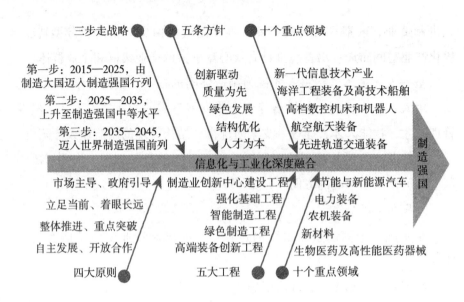

图1-7 "中国制造2025"的总体结构

"一"代表着目标，即从制造业大国向制造业强国转变。

"二"代表着手段，即通过信息化与工业化的深度融合来推动制造业的发展。

"三"代表着战略步骤，即"三步走"战略。

"四"代表着原则，即市场主导、政府引导，立足当前、着眼长远，整体推进、重点突破，自主发展、开放合作。

"五五"则代表着方针和工程，即创新驱动、质量为先、绿色发展、结构优化、人才为本的五条方针，以及包括制造业创新中心建设工程、强化基础工程、智能制造工程、绿色制造工程和高端装备创新工程等五大工程。

"十"则代表着重点领域，包括新一代信息技术产业、高档数控机床和机器人、航空航天装备、海洋工程装备及高技术船舶、先进轨道交通装备、节能与新能源汽车、电力装备、农机装备、新材料、生物医药及高性能医疗器械等十个重点领域。

5.战略任务

实施"中国制造2025"战略，旨在促进中国制造业的转型升级，打造具有国际竞争力的制造强国。这一宏伟目标的实现，必然要求以问题为导向，全局思考，重点突破，聚焦核心，并汇聚全社会的共识。下面，本研究将针对这个战略的九大战略任务进行深入解读。

任务一：提升国家制造业的创新能力。

在今天这个知识经济的时代，创新是驱动发展的最强动力。为了增强国家制造业的创新能力，我国制造业需要构建一个以企业为主体，以市场为导向，政产学研用紧密结合的创新体系，要围绕产业链部署创新链，围绕创新链配置资源链，以此来提高在关键环节和重点领域的创新能力。

任务二：推动信息化与工业化的深度融合。

在新一代信息技术的推动下，制造业正在发生深刻的变革。我国制造业要把智能制造作为信息化与工业化深度融合的主攻方向，发展智能装备和智能产品，提升企业在研发、生产、管理和服务等方面的智能化水平。

任务三：强化工业基础能力。

核心基础零部件、先进基础工艺、关键基础材料和产业技术基础的短板，是制约中国制造业创新发展和质量提升的关键所在。因此，我国必须着力破解这些瓶颈，以此来推动制造业的发展。

任务四：加强质量品牌建设。

在全球市场竞争激烈的今天，质量就是品牌，品牌就是竞争力。要提升质量控制技术，我国制造业必须完善质量管理机制，提高中国制造的整体形象。

任务五：全面推行绿色制造。

随着人们对环保意识的提高，绿色制造已经成为全球制造业的重要趋势。这要求我国制造业加大节能环保技术、工艺和装备的研发力度，提高制造业的资源利用效率，构建高效、清洁、低碳、循环的绿色制造体系。

任务六：大力推动重点领域的突破发展。

新一代信息技术、高端装备、新材料、生物医药等领域是国家发展的战略重点。我国在发展制造业的同时要引导社会资源向这些领域集聚，推动优势和战略产业的快速发展。

任务七：深入推进制造业结构调整。

该任务要求我国推动传统产业向中高端迈进，优化制造业布局，实现大企业与中小企业的协调发展。

任务八：积极发展服务型制造业和生产性服务业。

这是制造业发展的重要方向。它要求我国加快制造与服务的协同发展，推动商业模式创新和业态创新，推动生产型制造向服务型制造转变。

任务九：提高制造业的国际化发展水平。

它要求我国制造业利用国内外两种资源、两个市场，实施更加积极的开放战略，提升国际合作的水平和层次，推动重点产业国际化布局，提高企业的国际竞争力。

三、工业 4.0 与"中国制造 2025"的对比

在全球经济的大棋盘上，制造业一直是各国竞争力的重要体现。近年来，以信息技术为驱动的新一轮科技革命和产业变革，已经深刻影响着全球制造业的格局。在这个大背景下，德国的工业 4.0 和中国的"中国制造 2025"战略规划应运而生，它们代表德国和中国对未来制造业发展的规划和设想。对这两个战略规划进行比较和解析，有利于中国制造业探索它们的相同点、不同点，找到更好的发展方向。

无论是工业 4.0，还是"中国制造 2025"，都明确提出了制造业数字化、网络化和智能化的发展方向。二者都强调了新一代信息技术，如物联网、云计算、大数据、机器人等与传统制造业的深度融合。这种深度

融合不仅将推动制造业的技术创新，产生新的产品和业态，而且将对经济社会发展产生深远影响。也就是说，这两个战略规划都坚信，数字化、网络化和智能化将是未来制造业的主要发展方向。

然而，尽管"工业 4.0"和"中国制造 2025"有许多相同的目标和理念，但工业 4.0 和"中国制造 2025"在实施方式和应对挑战上存在差异。在一定角度上，二者的最终目标是一样的，那就是通过推动制造业的数字化、网络化和智能化，提高制造业的竞争力和创新能力。这一目标的本质指向一个核心，就是智能制造。"中国制造 2025"明确提出，要加快推动新一代信息技术与制造技术融合发展，把智能制造作为两化深度融合的主攻方向。智能制造是一种由智能机器和人类专家共同组成的人机一体化智能系统，它在制造过程中能进行智能活动，诸如分析、推理、判断、构思和决策等。人与智能机器的合作共事能扩大、延伸和部分地取代人类专家在制造过程中的脑力劳动。智能制造把制造自动化的概念更新，将其扩展到柔性化、智能化和高度集成化。

中德两国在推进各自的战略规划过程中，也在寻求各种形式的合作。这些合作包括建立工业 4.0 对话机制，开展基础性和前瞻性的研究，制定新的标准，加强工业设计领域的合作，开展智能制造试点示范，以及在人才交流和培训方面的合作。在这充分的合作空间下，双方需要充分发挥各自的优势，加强合作，方能推动全球制造业的健康发展，实现共赢。

第二章 "双碳"战略对制造业转型的引领作用

　　"双碳"即碳达峰和碳中和，这一战略的提出，旨在通过降低碳排放，推动经济结构的优化，以应对全球气候变化的挑战。对制造业而言，"双碳"战略无疑为其转型提供了新的思考和选择。具体而言，碳达峰需要制造业节能减排，只有在实现节能减排的基础上，制造业才能实现碳达峰。而碳中和则更加强调制造业的能源替代，也就是要从能源供给端入手，推动制造业实现清洁能源的使用，减少碳排放。同时，"双碳"战略的实施重在推进制造业结构转型。通过向服务型制造业转型优化产业结构，制造业有望为"双碳"战略的实现做出贡献。这一过程离不开整个制造业生态圈的支持。以"生态"思维推动产业发展，从市场、人才、技术等方面打造吸引企业、集聚产业的制造业发展产业生态是未来制造业的转型重点。

第一节　碳达峰需要制造业节能减排

一、碳达峰与制造业节能减排

碳达峰是指一个国家或地区的二氧化碳排放达到最高峰后逐渐下降的过程，它是应对全球气候变化、实现低碳经济转型的重要目标。2021年10月，国务院印发的《2030年前碳达峰行动方案》将工业领域碳达峰行动列为"碳达峰十大行动"之一。制造业作为工业领域的核心产业，自然也被看作碳达峰行动的主力军。

制造业是中国经济增长的重要引擎，也是中国能源消耗和碳排放的主要领域。而工业作为用电大户，如果包括生产制造环节所消耗的电力，其综合碳排放比重还会继续攀升。因此，减少制造业的能源消耗，特别是改变传统的依赖化石燃料的能源消耗方式，可以直接降低二氧化碳排放量，从而推动碳达峰的实现。

我国制造业的传统发展方式具有高耗能、高排放的特征。随着全球经济的发展，资源和环境的压力越来越大，我国制造业亟须寻找更加高效、环保的生产方式。智能制造、绿色制造、服务型制造等新的制造技术和模式的出现，提高了制造业节能减排的可能性。通过利用这些新技术，我国制造业可以在保持生产效率的同时，大幅度减少能源消耗和环境污染。

这不仅仅是理论上的分析，国家已经用实际的文件表达了肯定。2022年7月，中国工业和信息化部、国家发展改革委、生态环境部联合印发《工业领域碳达峰实施方案》。这一方案明确提出到2025年，规模以上工业单位增加值能耗较2020年下降13.5%，单位工业增加值二氧化碳排放下降幅度大于全社会下降幅度。[①]这是政策层面对于制造业碳达峰行动的明确指引，其不仅对制造业提出了明确的碳达峰要求，更为制造业转型升级提供了方向。

在政策指引下，制造业碳达峰行动的实现需要制造业转型升级。这种转型升级表现为我国制造业从以量扩张为主的模式，向质量效益型、绿色低碳型转变。这需要我国从源头上改变制造业的生产模式，通过绿色制造，即在保证产品的功能、质量、成本的前提下，综合考虑环境影响和资源效率的现代制造模式，达到减少碳排放的目标。制造业还需要借助数字化转型，通过新一代信息技术的应用，提升工业生产效率，减少碳排放。

一方面，我国通过政策倡导绿色制造，鼓励制造业在产品设计、制造、物流、使用、回收、拆解与再利用等全生命周期过程中，将对环境的影响降到最低、使资源能源利用率达到最高。

另一方面，我国通过政策推动了工业领域数字化转型，在通过大数据、5G、工业互联网、云计算、人工智能、数字孪生等新一代信息技术，对工艺流程和设备进行了绿色低碳升级改造。

二、绿色制造是制造业节能减排的关键路径

如今，可持续发展已经成为全球共识，这不仅仅是为了保护环境，也因为从经济效益和社会效益的角度上来说，这是一种必然趋势。作为全球最大的制造业国家，中国正在积极推进制造业的绿色转型升级，以实现制造业的碳达峰和碳中和。

绿色制造，指在保证产品功能、质量、成本的前提下，制造业通过

---

① 工业和信息化部，国家发展改革委，生态环境部. 工业和信息化部 发展改革委 生态环境部关于印发工业领域碳达峰实施方案的通知 [EB/OL]. （2022-7-7）[2023-05-30]https://www.gov.cn/gongbao/content/2022/content_5717004.htm?eqid=ccc429f20000da290000000364759621.

技术创新和系统优化，使产品在全生命周期过程中，对环境造成的影响最低、对资源能源的利用率最高、对人体健康和社会的危害最小，并使企业经济效益与社会效益协调优化的制造模式。

在面临全球气候变化的挑战和国际社会对减少温室气体排放的承诺的背景下，绿色制造被视为制造业实现碳达峰的关键路径。绿色制造作为一种集合了环境友好和社会经济可持续性发展的生产方式，为实现低碳、高效、循环的生产模式提供了切实可行的解决方案。绿色制造以最小的资源投入、最小的环境影响和最大的经济效益为目标，旨在将整个制造流程的环境损害降到最低。

在传统制造过程中，大量能源的消耗和废弃物的排放是碳排放的主要来源。绿色制造通过优化生产流程、采用先进的节能技术、推广循环生产和废物再利用以及改进产品设计的途径，使能源效率得到显著提高，废物排放得到有效控制。这种方法通过提高资源使用效率，最终实现减少碳排放的目标。

（一）生产流程的优化

生产流程优化是绿色制造的重要组成部分。它通过将全生命周期考虑进产品设计和制造过程中，使产品在其生命周期内产生的碳排放尽可能低来实现。这包括选择更环保的原材料、优化生产工艺、减少制造过程中的浪费，以及考虑产品在使用和废弃阶段的环境影响等方法。通过引入先进的信息技术和大数据分析，制造商可以对生产流程进行实时监控和优化，以便在生产过程中发现并解决问题，进一步降低能源消耗和碳排放。

以某钢铁公司为例，该公司第一炼钢厂主要生产工程机械、管线钢、高强钢、耐磨、低温容器等钢种。在钢铁生产过程中，该公司对生产工艺流程进行了优化，尤其是转炉炼钢的造渣方法，该公司将其从最初的双渣法转变为单渣法，这一改进提高了脱磷效率和降低了辅料消耗。这种改进不仅优化了生产流程，也使得冶炼过程更加环保，还有助于降低生产过程中的能源消耗和碳排放。该公司还积极优化废钢原料种类。为了解决废钢堆比重低的问题，该公司改变了废钢种类和搭配方式。通过优化废钢料型，该公司不仅提高了转炉的冶炼稳定性，而且降低了铁耗，进一步减少了能源消耗。此外，该公司还充分考虑了铁耗的影响，通过严格控制高堆比重废钢使用量，实现了综合降低铁水比，从而进一步稳定了转炉冶炼过程，降低了能源消耗。

该公司生产流程的这一系列改进和优化，不仅提高了产品质量，提升了生产效率，也实现了能源消耗的大幅度降低和环保效果的显著提升。其成功经验表明，对生产流程的深入研究和持续优化，是实现绿色、可持续生产的关键。该公司的实践和成功，为钢铁行业，乃至传统制造业提供了可供借鉴的经验。面对日益严格的环保政策和绿色发展的需求，制造业通过优化生产流程，有望实现节能减排，这是碳达峰目标实现所必需的环节。

（二）节能技术的推广应用

在实现"双碳"目标的过程中，节能技术的推广应用起着举足轻重的作用。推广应用节能技术既可以优化能源转换和提高能源的利用效率，又有助于开发和推广清洁能源技术，是绿色制造迈向节能减排的重要路径。

比如，在电力使用领域，绿色制造依赖高效的电机和驱动系统以提升电能利用效率。传统的电机和驱动系统效率低下，电能损耗大。而新型的电机和驱动系统采用了一系列的节能技术，如变频技术、优化控制策略等，大大提高了电能的转换和使用效率，实现了电能的节约和环保。

以机械制造业为例，这是一种持续产出的设备输出系统，它主要通过机械设备来制造机械零件和设备，并将其转化为具有重要功能的机械产品。在这个过程中，调频技术的应用，使电能的转化更加充分，节能减排效果显著。机械制造行业具备极大的开发潜力，合理选择和使用节能技术，不仅可以提高生产效率，还能有效降低对环境的危害。

纵观热能的利用领域，在传统的制造过程中，大量的热能未被充分利用，而是以废热的形式排放到环境中。绿色制造倡导热能的回收和再利用，制造业企业可通过热能回收技术，如余热发电、废热热泵等，将废热转换为可用能源，这样能大幅度减少能源的浪费，也能显著降低碳排放。

在产品制造过程中，绿色制造更加注重高效和精准的加工和装配技术。先进的加工技术如数控加工、高速加工等，可以在短时间内完成高质量的产品加工，大大提高生产效率，降低能源消耗。而精准的装配技术则能减少材料浪费，降低废品率，从而降低能源消耗和碳排放。

（三）循环生产和废物再利用

循环生产和废物再利用是绿色制造实现低碳目标的另一个关键方向。在产品设计阶段，生产企业采用易于回收和再利用的材料，以及设计易于拆解和回收的结构，可使产品在废弃后更易于被回收再利用，减少对新材料的需求和废弃物的处理。在生产过程中，企业通过对废弃物的分类收集和处理，可将废弃物转化为新的资源，进一步减少对新资源的需求和废弃物的排放。循环经济模式的实施，使产品在生命周期结束后，价值得以最大化地保留和再利用，从而实现了制造过程的循环和低碳。

以湖南某公司为例，这家公司在食品行业久负盛名，其生产的食品级液体二氧化碳被广泛应用在知名饮品如某口可乐、某事可乐、某哈哈，以及知名啤酒如青某、某威中。为满足国内工业气体回收利用领域的需求，该公司致力于回收利用石油化工企业排放的尾气。除了液体二氧化碳，该公司还生产干冰、氩气、氮气、氢气、甲烷气、一氧化碳等气体。并依托化工工业尾气回收，倡导循环经济和绿色化工，被湖南省评为重点支持的资源综合利用和环境保护友好型示范企业。

该公司在推动绿色制造，实现低碳目标的过程中，取得了一系列突破性进展和成就。通过回收上游的尾气，使用减量化、再利用、再循环等原则，该公司生产出了符合国家对产品中有害物质限制使用要求的产品，同时严格控制能耗，达到了国家、行业或地方发布的能耗限额标准中的限定值要求。此外，该公司还对单位产品碳排放量进行盘查，采取了相应的减排减碳措施，减少了二氧化碳排放量，以实现持续改进。为此，该公司已成为国家第一批循环经济标准化示范企业，同时也是第一批国家级专精特新"小巨人"企业，被誉为绿色环保"小巨人"。

湖南某公司的绿色制造案例充分展示了循环生产和废物再利用在实现低碳目标方面的作用，用事实证明了循环生产和废物再利用是绿色制造实现低碳目标的另一个关键方向。

三、技术创新是制造业节能减排的重要手段

技术创新一直被坚定地视为制造业节能减排的重要手段，原因在于它有望通过各种方式提高能源效率，从而降低碳排放。制造业企业利用先进的信息和通信技术以及人工智能技术，可以使制造过程变得更加自动化，更加优化，从而最大限度地减少能源消耗和碳排放。

在优化生产过程中，制造业通过技术创新实时收集和分析数据，可以对生产过程进行细致的控制和优化，减少不必要的能源消耗。例如，制造业通过预测性维护，可以预防设备故障，避免因设备停机而造成的能源浪费；通过优化生产流程，可以减少生产过程中的等待时间和浪费，提高能源效率，提高生产效率，同时降低能源消耗和碳排放。

在提高能源效率方面，制造业采用高效能源转换和利用技术以及开发和使用清洁能源，能够显著降低能源消耗和碳排放。例如，通过使用先进的电机和驱动系统，制造业企业可以提高电能利用效率；通过使用高效热能利用技术，制造业企业可以减少热能损失。在技术创新方面，制造业企业还可以采用更为高效的生产技术和设备，如 3D 打印技术就

可以代替传统的制造方法，显著降低材料消耗和废物产生，从而进一步降低碳排放。

在推动循环生产和废物再利用方面，在产品设计阶段制造业企业通过技术创新回收和再利用的材料和结构，并在生产过程中以技术创新辅助废物分类收集和处理，可以推动废物的再利用和资源的循环利用。同时企业使用物联网和大数据技术，可以对产品的使用情况进行实时监控，从而更有效地管理和优化资源的使用，进一步降低碳排放。

现今，制造行业正快速进入新一轮革命时代，全面数字化的新阶段已然到来。在这个时期，数字技术在制造业的应用正在不断深化，影响范围已经覆盖到了生产流程、业务模式、管理方式等各个环节。由此制造行业对制造业企业开始提出更高的要求，这需要制造业企业推动数字化在制造业中的广泛应用，以适应和支持这一变革。

推动制造业的数字化转型成为重要的任务之一。新一代信息技术与制造业的深度融合正在被积极推动，借助大数据、5G通信、工业互联网、云计算、人工智能以及数字孪生等先进技术，制造业可以实现对工艺流程和设备的绿色低碳升级改造。这些技术为制造业转型带来了精确性、时效性以及全流程系统性的优势，利用这些技术，制造业能有效采集、处理、分析和应用工业能源管理的关键数据，保证数据的高效性和准确性有助于制造业实现"源头—过程—末端"的全流程节能，还能协助制造业企业提升自主排放管理能力，成为其管理排放的有效工具。这些技术还能提供大数据监测手段，以供各级政府监测企业能源消耗和制造业整体运行情况。例如，通过大数据分析，制造业可以更准确地了解和预测制造过程中的能源消耗，从而制定出更合理的生产计划和节能措施；通过云计算和人工智能，制造业可以实现设备的远程监控和自动化管理，提高生产效率，减少能源浪费；通过数字孪生等先进技术，制造业可以在虚拟环境中模拟和优化生产过程，降低实际生产中的能源消耗。

在数字化赋能制造业节能方面，中国已有系统规划，并投入了大量资源推进制造业企业的数字基础设施进行节能，如能源管理中心的建设已覆盖了中国几乎所有的大型钢铁、化工等高耗能企业。未来，持续的技术创新将成为制造业实现碳达峰的最有力手段。

第二节　碳中和指引制造业能源替代

一、碳中和与制造业能源替代

碳中和是一个更为深远的目标，它意味着一个国家或地区的二氧化碳排放与吸收达到一个平衡，也就是说，不再向大气中增加额外的二氧化碳。

根据 2023 年 2 月国家统计局发布《中华人民共和国 2022 年国民经济和社会发展统计公报》的初步核算，2022 全年中国能源消费总量 54.1 亿吨标准煤，比上年增长 2.9%。煤炭消费量增长 4.3%，原油消费量下降 3.1%，天然气消费量下降 1.2%，电力消费量增长 3.6%。煤炭消费量占能源消费总量的 56.2%，比上年上升 0.3 个百分点；天然气、水电、核电、风电、太阳能发电等清洁能源消费量占能源消费总量的 25.9%，上升 0.4 个百分点。2022 年能源低碳转型持续深入，清洁能源生产较快增长，非化石能源消费占比不断提升。2022 年，水电、核电、风电、太阳能发电等清洁能源发电量比上年增长 8.5%；非化石能源消费量占能源消费总量的比重为 17.5%，提高 0.8 个百分点。[①]

由此可见，节能减排工作任重道远，要实现碳中和，仅依靠节能减排还是远远不够。制造业作为全球二氧化碳排放的重要来源，其能源消

---

① 国家统计局.中华人民共和国 2022 年国民经济和社会发展统计公报 [EB/OL].（2023-2-28）[2023-05-30].http://www.stats.gov.cn/xxgk/sjfb/zxfb2020/202302/t20230228_1919001.html.

耗主要依赖于化石燃料，如煤、石油和天然气。化石燃料在燃烧过程中，会释放大量的二氧化碳到大气中，引发全球气候变暖。节能减排策略可以在一定程度上降低能源消耗，从而减少二氧化碳排放，有助于实现碳达峰。然而，制造业只有替换掉依赖化石燃料的能源结构，转向应用清洁、可再生的能源，如风能、太阳能和水能等，才能进一步降低甚至消除二氧化碳的排放，实现能源的净零排放，也就是碳中和。

需要明确的是，节能减排和能源替代并不是相互独立的，而是相辅相成的。节能减排是一个短期和中期的目标，制造业企业可通过提高能源利用效率，减少能源浪费，降低碳排放强度，实现早日达到碳排放峰值。然而，无论能源利用效率提高到什么程度，只要制造业企业还在使用化石燃料，就无法完全消除二氧化碳排放。这就需要制造业寻找新的能源来源，通过能源替代，实现从碳达峰到碳中和的转变。

制造业能源替代，顾名思义，是指制造业在能源消耗方面，逐渐由传统的化石燃料转向更环保、更可持续的清洁能源，以减少碳排放，实现碳中和。要实现能源替代，制造业就必须了解自身对能源的需求。制造业的能源需求主要包括两大部分：一是生产过程中的能源需求，如电力、热力等；二是原材料生产过程中的能源需求，如钢铁、化工等行业。这两部分能源需求都是制造业碳排放的主要来源。

传统的制造业主要依赖化石燃料来满足能源需求，如煤炭、石油和天然气等。这些化石燃料在燃烧过程中会产生大量的二氧化碳，从而导致全球气候变暖。因此，替代这些化石燃料，是制造业实现碳中和的关键。

替代这些化石燃料需要依靠清洁能源。清洁能源是指那些在生产和使用过程中不产生或产生很少有害排放，对环境影响小的能源，主要包括风能、太阳能、水能、生物质能等可再生能源，以及核能等。

为了满足自身在生产过程中的能源需求，制造业可以通过利用风能、太阳能、水能等可再生能源来产生电力，替代传统的以煤炭为主的火力发电。比如，制造业可以建设风力发电厂和太阳能光伏发电厂，直接将风能和太阳能转化为电力供给制造业使用；制造业也可以建设水力发电厂，利用水流的动力产生电力。

为了满足自身在原材料生产过程中的能源需求，制造业可以通过利用生物质能和核能来替代部分化石燃料的消耗。比如，制造业可以利用生物质能来生产生物燃料，将其作为石油的替代品，供给化工行业使用，也可以利用核能来产生大量的热能，满足钢铁行业的热能需求。

电气化是一个重要的能源替代方向。电力可以从多种能源中产生，包括煤炭、天然气、核能、风能、光伏等。如果电力的产生主要依赖清洁能源，那么电气化就能显著降低碳排放。然而，电气化的推进也面临着一些挑战，其中最大的挑战就是成本和电力来源。电气化设备和设施的建设成本通常较高，而且如果电力仍然主要依赖煤炭，那么电气化就不能真正实现碳减排。因此，为了推进电气化，制造业需要加大清洁能源的开发力度，并努力降低电气化设备和设施的建设成本。

在能源替代过程，制造业需要注意循序渐进，根据各地的自然条件和经济发展水平，逐步推进能源替代的进程。在一些资源丰富的地区，制造业可以优先推进能源替代；在一些资源较单一的地区，制造业可以先做好能源效率提升和污染控制，然后再逐步推进能源替代。

二、碳中和背景下的传统能源产业和传统制造业发展分析

国际上应对气候变化的政策框架主要包括设定净零排放目标，围绕碳中和出台行动计划，加快煤电退出进程，遏制甲烷排放，实施碳税、碳排放权交易等碳定价政策以及在建筑等行业实施节能改造等。如今，全球上百个国家和地区提出了净零排放或碳中和的目标。

谈到碳中和背景下的传统能源产业和制造业，人们必须接受的一个基本事实就是，这两个产业都将面临深刻而复杂的变化。这些变化的核心目标是减少碳排放，使中国的经济体系变得更加环保，同时使中国制

造业在技术、经济和社会层面找到新的平衡。

　　能源是指可产生各种能量（如热量、电能、光能和机械能等）或可做功的物质的统称，是指能够直接取得或者通过加工、转换而取得有用能的各种资源，包括煤炭、原油、天然气、煤层气、水能、核能、风能、太阳能、地热能、生物质能等一次能源和电力、热力、成品油等二次能源，以及其他新能源和可再生能源。

　　在传统能源产业中，煤炭、石油和天然气这三大化石能源的合计碳排放量占中国碳排放来源的绝大部分。因此想要实现碳中和，传统能源产业就必须在传统能源消费结构中，进一步减少煤炭燃烧，增加对石油和天然气的使用。在此情况下，传统化石能源行业发展如今已经进入政策低谷期。然而，考虑到短期内新能源并不能完全替代传统石化能源，特别是在基础设施和重工业领域，因此在一段时间内，传统能源产业仍将保持相对稳定。长期来看，由于全球的碳减排要求和新能源技术的发展，传统能源产业将逐步衰退。

　　不过，这并不意味着传统能源产业就没有未来。事实上，传统能源产业将面临新的机遇和挑战。在碳中和目标的实现过程中，传统能源产业可以寻求技术创新，以降低碳排放，并将其转化为商业价值。这包括提高能源效率，开发清洁煤炭技术，甚至进行碳捕集和封储等。此外，传统能源产业也可以寻求结构转型。例如，将石油和天然气的产业链向下游延伸，发展石化产品和新材料等高附加值业务。传统能源产业还可以通过合作和并购等方式，与新能源产业进行深度融合，共同开拓未来的能源市场。

　　对于传统制造业来说，实现碳中和势必将会给制造业整体产业带来较大的改变，而这些改变机会对行业带来挑战和新的机遇。制造业是中国能源消耗的主要行业，而且这个行业对传统化石能源的依赖较大。因此，制造业需要寻求技术升级和能源替代，以降低碳排放，其可选途径包括采用更高效的生产工艺，使用更环保的材料，以及引入清洁能源等。

在这个过程中，制造业也可以寻求新的业务模式和市场。例如，制造业可以开发和提供低碳产品和解决方案，以满足市场对碳中和的需求；也可以借助数字化和智能化的工具，进行精细化管理和服务，以提高能源效率和客户的满意度。

三、碳中和背景下的新兴能源产业和新兴制造业发展分析

新能源是指除了传统化石能源以外的其他能源形式，包括水电、核电、风电和太阳能等。相比于使用传统能源进行火力发电和发热产生大量的碳排放而言，新能源的发电过程几乎没有任何污染，因此为了实现碳中和的目标，新能源替代将是大势所趋。

从中国能源产量结构和消费结构来看，近年来在政策的引导和支持下，新能源占比均在不断提高。《中华人民共和国国民经济和社会发展第十四个五年规划和2035年远景目标纲要》（以下简称"十四五规划"）也进一步提出要聚焦新能源产业的发展，加快壮大新能源产业。

在新兴能源产业的发展中，势头最猛的要数光伏和风电产业。这两个领域在过去的几年里有了显著进步，全球的风电和光伏发电量已经超过了火力发电。这一变化的背后，是技术的进步和政策的推动。随着科技的发展，风电和光伏发电的效率大大提高，成本也显著降低。而在政策层面，许多国家都出台了各种政策，以鼓励这两个产业的发展。这些政策不仅包括财政补贴，还包括对碳排放的税收和限制。

回顾光伏和风电产业的发展，并不是平坦的道路。在早期，由于这两项产业技术尚未成熟，生成的电力成本高昂，这大大限制了其商业化应用的可能。然而，随着技术的进步和规模化生产的推动，这种情况已经发生了显著改变。如今，光伏和风电产业的发电成本已经大大下降，甚至在某些情况下，可以与传统的火力发电相媲美。

不过，这并不意味着光伏和风电产业所面临的挑战已经全部解决。目前，这两个产业还面临着许多问题，如电网接入和调度问题，在电力

系统中，电网的接入与调度需要有足够的灵活性，才能应对风电和光伏发电的波动性。但在许多国家，电网的现有设施并不能满足这种需求。还有最重要的储能问题，由于风力和太阳能的供应并不稳定，因此，在应用这两种发电方式时，制造业企业需要有足够的储能设施，以保证在没有风力和太阳能的时候，仍能稳定供电。

尽管面临这些挑战，光伏和风电产业的发展仍处于一个巨大的机遇之中。在全球范围内，各国政府和企业都正在加大对新能源的支持力度，以应对气候变化的挑战。这种趋势为光伏和风电产业带来了巨大的市场空间。

除了光伏和风电产业，新能源汽车产业的发展也呈现出类似的趋势。在过去的十多年中，新能源汽车产业经历了从无到有、从小到大的发展过程，电动汽车的销售量正在快速增长。如今，全球电动汽车的销售数量已经上千万，占汽车市场的份额也在不断增加。这个产业已经成为全球汽车市场的重要组成部分，甚至在某些地区市场，新能源汽车的销量已经超过了传统燃油车。

新能源汽车的发展不仅改变了汽车市场的格局，也对全球碳排放有了重要影响。由于交通运输领域也是全球碳排放的主要来源之一，而新能源汽车的推广使用，无疑可以有效地降低这部分的碳排放。

然而，新能源汽车产业也面临着自己的挑战。首要的难题便是基础设施的完善。例如，电动汽车需要大量的充电桩来支持其使用，但在许多地方，这些设施还有待完善。此外，电池的生产和回收问题也是一个亟待解决的问题。电动汽车电池的制造需要使用大量的稀有金属，而这些金属的开采往往会对环境造成严重影响。同时，电池的回收处理也是一个复杂的问题，如果处理不当，也会对环境造成影响。目前，电动汽车的续航里程和充电速度仍然无法与燃油车相媲美，这对消费者的接受程度造成了影响。

尽管面临挑战，但新能源汽车产业的发展前景仍然十分广阔。在全球范围内，政府和企业都在积极推广新能源汽车的使用，以应对气候变化的挑战。而从技术层面来看，电池技术和自动驾驶技术等新兴技术的进步，也将为新能源汽车产业的发展带来新的机遇。

目前，新兴能源产业和新能源汽车产业都处在一个充满机遇和挑战的发展阶段。面对这种情况，我国政府和制造业企业需要共同努力，加大研发投入，提高技术水平，优化产业结构，完善政策环境，推动这两个产业的持续健康发展。只有这样，我国才能真正实现碳中和的目标，推动全球经济社会向更加绿色、更加可持续的方向发展。

第三节 "双碳"战略实施重在推进制造业结构转型

一、制造业结构转型

产业结构转型是指由于外部环境的重大变化和内部资源配置的不合理，导致产业发展受到多重约束，这必须通过提升产业素质、升级置换和重组产业要素，形成新的产业结构以满足产业长远发展的需要。

产业结构转型是一种深层次的经济发展过程，它涉及一个国家或地区的产业结构从一种形态向另一种更高级的形态转换。这种转换不仅是单纯的数量上的变化，更重要的是质量和效率的提升，包括产业的技术升级、产品升级、模式升级和产业链升级等。产业结构转型既是全球经济一体化和新科技革命推动下的必然趋势，也是提高产业核心竞争力和实现经济持续健康发展的必然选择。

产业结构转型的基本原则是从低附加值、低知识含量、低技术含量、高能耗、高污染的产业向高附加值、高知识含量、高技术含量、低能耗、低污染的产业转变。这一转变旨在提高经济效率，提高资源使用效率，改善环境质量，提升国家或地区的整体竞争力。

现阶段，中国已经进入工业化后期新发展阶段。现代化是基于工业化的人类生产方式和生活方式的历史性过程，它既是基于劳动生产率提升的经济增长的必然结果，又是与工业化进程相适应的经济、社会、文化以及环境等制度安排的结果。也就是说，推进现代化进程，在相当大程度上也是推进工业化的进程。经过改革开放四十余年的发展，中国总体上已经从工业化初期进入工业化后期。

强大的工业生产能力，不仅成了中国应对外部变化与外部风险的主要基础，也是中国走向高质量发展的坚实保障。

中国制造业结构的转型升级，需要提升制造业的科技含量和创新能力，推动高端制造业的发展。高端制造业是制造业向更高层次发展的重要方向。通过高端制造业，中国制造业可以实现产品附加值的提高，提升制造业的竞争力。在全球化和新科技革命的推动下，高端制造业已经成为全球制造业竞争的主战场。比如在航空、汽车、半导体等高端制造业领域，新技术的应用和创新能力已经成为决定企业竞争力的重要因素。

以高端制造为导向推动制造业产业结构转型升级，可以夯实高质量发展的产业基础。"十四五"规划要求我国制造业坚持自主可控、安全高效，推进产业基础高级化、产业链现代化，保持制造业比重基本稳定，增强制造业竞争优势，推动制造业高质量发展。目前，中国的制造业门类非常齐全，现在要全面提升，布局高端。任何时候中国都不能缺少制造业。这就需要抓住新一轮科技革命的趋势，形成制造业高质量发展的新格局，形成服务型经济的新形态，形成数字经济的新优势，由此奠定中国高质量发展的重要基础。

制造业的转型升级需要强化制造业与现代服务业的深度融合。现代服务业的发展，可以提供更多的服务型就业机会，带动经济增长。同时，现代服务业也可以提供对制造业的支持服务，如设计、研发、营销、物流、金融等，这对提升制造业的整体竞争力具有重要意义。制造业与现代服务业的深度融合，可以形成"生产＋服务"的新模式，打造更高附加值的产业链。

2022年11月，工信部公布45个国家先进制造业集群名单，乐清市的电气产业集群位列其中，这是全国唯一以县域为主导的制造业集群。作为全国最大的低压电气产业基地，乐清聚焦电气产业集群服务化转型，大力发展"制造+服务"新业态，这不仅推动了产业向专业化和价值链高端延伸，还使当地涌现出了一批如正泰、德力西等享誉全球的电气产业核心企业。

"制造+服务"即服务型制造业。服务型制造业就是在传统制造业的基础上，增加了一种服务元素，将产品和服务有机地结合在一起，为用户提供全生命周期的服务。这种模式的出现，无疑为制造业的结构转型提供了新的路径。

二、"双碳"战略实施需要推进服务型制造业发展

在碳达峰、碳中和的战略目标下，发展服务型制造业被认为是一种有效的方式。这是因为服务型制造业的特性在很大程度上有助于减少碳排放，这进一步推动了绿色可持续发展。制造业企业要理解其中的逻辑和机制，就需要深入了解服务型制造业的本质和特点。

服务型制造业是传统制造业与服务业结合的产业形态。其关键在于对产品的全生命周期进行管理，包括设计、生产、销售、维修、回收等环节。在服务型制造业的模式下，企业不再仅仅依赖于单一的产品销售，而是提供一整套的解决方案，这包括产品，也包括相关的服务，以满足消费者的全方位需求。

这样的模式转变对减少碳排放有着重要影响。因为在服务型制造业中，企业需要对产品的全生命周期负责，这就意味着企业需要在产品设计阶段就开始考虑产品的环保性能，以及在使用过程中如何节约能源、减少废弃物。同时，企业还需要考虑在产品报废后如何进行回收和再利用，以减少环境污染。

深化理解服务型制造业在减少碳排放过程中的关键作用，核心在于其产品全生命周期管理的理念。传统工业革命的制造业的重心始终集中在产品的生产阶段。然而，随着环境压力的增大，人们开始意识到，从生产到废弃的全过程中，产品的设计、使用和处理方式都对环境有着深远影响。服务型制造业作为一种以产品全生命周期管理为核心理念的新型业态，恰恰能够有效地应对这一挑战。

在设计阶段，服务型制造业企业不再只关注产品的功能和成本，而是将环保性能和能源效率纳入核心考虑因素。这包括选择更环保的材料，如可回收材料、生物基材料等；采用更节能的设计方案，如模块化设计、轻量化设计等；优化生产过程，以减少能源消耗和废物排放。这些因素都可以使产品在使用过程中的能源消耗更少，从而产生的碳排放也就更少。

服务型制造业企业还能通过提供维修、升级等服务，延长产品的使用寿命，进一步降低其碳足迹。长期以来，一次性消费模式在全球范围内流行，导致了大量的废物和碳排放。服务型制造业企业的这种做法，使消费者有可能使用更长时间的产品，而不是频繁地购买新产品。这不仅可以减少因产品生产和废弃而产生的碳排放，同时使消费者从中受益，这是因为他们可以享受到更好的服务，而不是仅仅拥有产品。

此外，服务型制造业在处理废弃产品时也展现出其独特的优势。传统的制造业企业在产品销售后，往往不再关心产品的命运。由于服务型制造业企业要对产品全生命周期的管理负责，所以它需要对废弃产品进行有效的回收和利用。这可以极大地减少废弃物处理对环境的压力，同时为资源的循环利用提供了可能。

除了上述的"硬性"优势，服务型制造业还有一个深层次的"软性"优势，那就是它能够引导消费者的需求从物质向服务转变。在服务型制造业的框架下，消费者购买的不再仅仅是产品，而是包含了产品和相关服务的整体解决方案。这种消费模式的推广，势必会减少服务型制造业对物质资源的依赖和消耗，从而进一步降低碳排放。

在过去的消费模式中，产品是唯一的核心。消费者购买产品，使用产品，然后在产品寿命结束后处理产品。这种以产品为核心的消费模式不可避免地导致了大量的物质消耗和碳排放。

然而，服务型制造业的出现正在改变这一模式。在这个模式中，消费者购买的不再仅仅是物质产品，而是一个包含了产品和相关服务的整体解决方案。换句话说，消费者购买的是一个满足其需求的服务，而产品只是这个服务的一部分。这样，消费者的需求可以在较小的物质消耗下得到满足，同时有效地减少碳排放。这种转变虽然微妙，但其影响深远。一方面，它推动了消费者的需求从物质需求向服务需求转变，使消费者的生活更为便捷和舒适；另一方面，它也使制造业从单纯的产品制造转向服务的提供，从而实现了制造业的可持续发展。

但是，服务型制造业的潜力远不止于此。其真正的价值在于，它可以通过创新产品和服务模式，推动整个制造业的结构转型。通过信息技术、大数据等手段，服务型制造业可以实现精细化管理和个性化服务，提升生产效率，减少能源消耗和废弃物产生。如今，智能制造、工业互联网等新型工业模式正在全球范围内兴起，这都为服务型制造业的发展提供了极大的机遇。对生产过程的实时监控和优化，不仅可以提高产品质量和生产效率，还可以大幅度提高能源利用效率，减少碳排放。

不过，尽管服务型制造业的发展有望推动制造业结构转型，实现碳达峰、碳中和目标，但这并不意味着服务型制造业就是"银弹"。因为，无论是制造业的转型升级，还是碳达峰、碳中和的实现，都需要全社会共同努力。而且，服务型制造业的发展也面临着一系列挑战，包括技术瓶颈、人才缺乏、市场不成熟等。因此，服务型制造业还需要继续探索和努力，以推动碳达峰、碳中和目标的实现。

第四节 "双碳"目标实现依靠制造业生态圈支持

一、产业生态圈理论

自 1935 年英国生态学家坦斯利（A. G. Tansley）提出生态系统概念以来，这一理念已逐渐应用到不同的领域。从基本定义来看，生态系统是一个在一定的时空内通过能量流动和物质循环而相互作用的统一体。这个系统中的交互元素包括生物、无机环境，以及在生物群落之间的各种互动。

生态系统具有复杂的驱动力，包括人、经济、政治、社会、技术、文化以及各种自然和生物等因素。在这个系统中，物种是最基本也是最重要的单位。物种是由具有生殖能力的个体构成的，这些个体与其他种群在生殖上是独立的。种群则是在一定空间内由同种物种构成的群体，其中不仅包括物种的集合，还包括各物种之间的相互影响作用。

基于对生态系统和社会组织的深入研究，当人们思考经济发展，尤其是复杂的产业链和产业生态圈时，发现这就像在观察微妙而繁复的自然环境一样。产业链中的每个环节，每个部分，都有其特定的作用和位置，它们相互依赖，互相影响。比如一个简单的手机生产线，可能就涉及矿石开采、金属提炼、芯片制造、装配、销售等多个环节，这些环节组成了产业链。而更广泛产业的生态圈则包括了科技、教育、文化、金融、物流、商贸、中介服务等多个领域，这些领域对产业链的发展有着重要影响。

如同生态系统中的各种生物，产业链中的各个环节也会受到各种内外部因素的影响。这些因素可能包括政策、经济环境、社会变迁、科技进步等。而产业生态圈则更加广阔，涵盖了产业链的所有元素，并将更多的要素纳入其中。产业生态圈提供了一个完整的视角，让人们能看到产业链发展的全貌，从而更好地理解、管理和优化产业链。立足产业生态圈的视角，人们可以更深入地理解产业链的复杂性，以及它与周围环境的相互影响。这种理解能帮助人们更有效地管理产业链，优化各个环节，提高产业的整体效率。此外，通过观察产业生态圈，还可以发现新的机会，如新的商业模式、新的技术应用、新的市场等。

产业生态圈本质上是一种高度协作、开放和共赢的专业分工方式，旨在将各种专业机构整合到一个生态系统内，使他们协同合作，各尽所能，共同为客户提供更专业、全面的整体性产品和服务。这种理论起源于人们对自然生态系统的理解和模仿，把企业视为生态系统中的个体，每个个体都在追求自己的利益，但是只有在与其他个体协作，向着同一方向努力时，才能实现最大的共同利益。

要理解产业生态圈理论，就需要全方位考虑问题，这不仅仅限于企业或部门的层面，更延伸到了园区，乃至整个城市的发展规划。在这个视角下，政府的各个部门，行业内的供应商、制造商和消费者，甚至可能与当前业务看似无关的其他行业，以及各种服务机构或者平台，他们都有责任和义务共同创建一个强大、健康的产业生态圈。

产业生态圈的一个明显特性就是包容性。其范围覆盖了生产经营的各个方面，包括科技、教育、文化、金融、物流、商贸、中介服务等。这种广泛的覆盖范围也赋予了产业生态圈理论强大的创新性。因为在这个理念的指导下，各种科技创新成果、新型的产品和服务、新兴的产业和业态都有可能诞生。在这个产生生态圈中，各种"物种"可以共存，新的"物种"也有可能产生。这里提到的"物种"就是指新的科技创新成果，新型的产品和服务，新兴的产业和业态。产业生态圈理论的多样性、开放性、自组织性和动态性使其能够适应并推动经济社会的快速发展。

产业生态圈的另一个突出特性是其自组织性和动态性。在产业生态圈中，个体并不是被动地接受外界的指导和调整，相反，他们会根据自身的需求和环境变化，主动寻找合作伙伴，调整自身的行为和策略。这种自我组织和调整的过程是动态的，它并不是一次性完成的，而是随着环境的变化和个体的行为调整而持续演化和优化的过程。

产业生态圈理论提供了一种理解和管理产业发展的有益视角。通过模仿生态系统的工作原理，产业生态圈将产业中的各个组织、环境因素和社会因素纳入其框架，并强调这些因素之间的相互依赖和共同发展。构建产业生态圈可以实现资源的高效利用，提高经济效益，降低环境风险，并为可持续发展奠定基础。

然而，要建设形成一个产业生态圈理论并非易事，这需要经过长期的耐心培育，期待其从萌芽、到成长，再到最终的成型。在这个过程中，政府、企业、社会的各个角落都需要共同付出努力。成功的实例已经可以在生活中看到。例如，深圳、苏州，以及新经济产业特别活跃的成都等城市都开始将产业生态圈这个理念运用在实践中，并逐步形成了替代产业链思路的趋势。这些成功的实践证明了产业生态圈理论的实践价值，有力地推动了产业创新和城市发展。

二、制造业生态圈及其对"双碳"目标的支持作用

实现"双碳"目标，不仅需要制造业产业链的转型，更需要整个制造业生态圈中除产业链环节主体外的其他主体的协同配合。这是因为，单纯依靠制造业产业链的转型可能会偏重于某一环节，而忽视了全局的碳排放问题。例如，只解决生产环节的碳排放问题，但未考虑到原料采购、产品运输、产品使用和废弃处理等环节的碳排放。制造业生态圈的每一个环节都是碳排放的重要环节，这些环节必须迈向绿色低碳的发展，以最大限度地减少碳排放，实现"双碳"目标。

制造业生态圈中，制造业产业转型仍是首要任务，产业链上的各个环节都需要减少碳排放，包括原料采购环节、生产制造环节、销售配送

环节，以及产品使用和废弃处理环节。

原料采购环节是制造业生态圈中的首要环节，也是碳排放的重要来源。以钢铁工业为例，如果采购的铁矿石中含有大量的硫黄，那么在冶炼过程中就会产生大量的二氧化硫，对空气质量造成严重影响。因此，企业需要更加重视选择绿色、低碳的原料，这不仅可以减少碳排放，也可以降低产品的环境影响。同时，企业对供应链进行管理，确保供应链各环节的环保性能，是降低原料采购环节碳排放的关键。

生产制造环节是制造业生态圈中的核心环节，也是碳排放的主要源头之一。在此环节，提升生产效率、优化生产流程、引入清洁能源等可以显著减少碳排放。例如，引入智能制造技术，如自动化、数字化和网络化，可以有效提高生产效率，减少资源浪费和碳排放；采用太阳能、风能等可再生能源替代传统的化石能源，也是实现生产环节碳排放降低的有效措施。

销售配送环节是制造业生态圈中的另一重要环节，也是碳排放的重要源头；通过建立绿色物流体系，如使用电动车辆进行配送，制造业企业可以大幅降低此环节的碳排放。同时，通过优化配送路径、提高配送效率、采用低碳包装等措施，制造业企业也可以进一步减少碳排放。此外，制造业企业还可以通过构建线上销售渠道，减少实体店面的数量，从而降低建筑和运营过程中的碳排放。

产品使用和废弃处理环节也不能忽视。产品在使用过程中的能源消耗以及废弃后的处理方式，都会影响到碳排放。因此，制造业需要从产品设计阶段就开始考虑产品的环保性和可回收性，通过优化产品设计，提高产品的能源效率，制造业企业可以有效减少产品在生产和使用过程中的碳排放。同时，制造业企业还需要建立有效的回收系统，保证产品废弃后能够被有效地回收和处理，减少废弃物对环境的影响。

除了上述制造产业的上下游环节，技术、政策、教育、金融、人才等都是制造业生态圈中的一员，共同形成一个完整的生态系统，如图2-1所示。

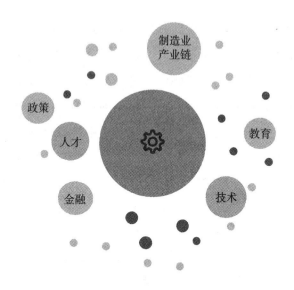

图 2-1 制造业生态圈

技术的创新和应用对实现低碳转型起着至关重要的作用。在全球制造业中，随着工业 4.0 的快速发展，新一代的信息技术，包括大数据、人工智能和云计算，正在急速改变制造业的发展格局。例如，应用大数据和人工智能技术，制造业企业可以优化生产过程，提高能源效率，降低碳排放。再如，一些企业已经开始使用 AI 进行精细化生产管理，通过预测需求、优化生产计划和流程，大大降低了浪费和能源消耗。云计算技术则使企业能够在云端集中处理数据，这不仅提高了企业对数据的处理效率，也减少了硬件设备的使用和维护，从而降低了碳排放。又如，先进的清洁能源技术，如太阳能和风能等，正在被越来越多的制造业企业应用到生产过程中。企业使用这些清洁能源，不仅可以减少化石燃料的使用，降低碳排放，也有助于降低生产成本，提高竞争力。研发和应用绿色材料和绿色包装，也有助于降低产品的环境影响。一些企业已经开始使用生物降解材料作为产品包装，这既满足了消费者对环保的需求，又实现了资源的循环利用。

在政策方面，政府可以通过制定和执行相应的环保政策和绿色经济政策，引导和推动制造业的低碳转型。一方面，政府可以出台低碳制造政策，通过给予那些采取低碳生产方式的企业税收优惠或补贴等奖励，鼓励更多的制造业企业走向低碳化。另一方面，政府可以建立和完善碳排放交易市场，让碳排放成为一种有成本的行为，从而进一步推动企业降低碳排放。中国已经在全国范围内建立了碳排放交易市场，企业如果碳排放超过政府设定的配额，就需要在市场上购买碳排放权，这对企业形成了强烈的降低碳排放的经济压力。

教育在实现低碳转型中也起着关键作用。首先，通过环保教育，中国可以提高公众对环保和"双碳"目标的理解和认识，使他们更加关注环保问题，愿意采取环保行为。例如，学校可以在课程中加入环保内容，使学生从小就了解环保的重要性，形成良好的环保习惯。其次，通过媒体和公共活动，中国可以进一步传播环保知识，提升公众的环保意识。在企业内部，也可以通过培训等方式，提高员工对环保的认识，让他们在日常工作中积极实施环保行动。最后，企业可以通过绿色管理，推动整个企业的绿色转型。企业可以设立环保指标，鼓励和奖励员工实施环保行动，建立绿色企业文化。

金融体系可以通过提供资金支持，推动制造业的低碳转型。我国国内的多家金融机构，尤其是银行，可以为那些希望进行低碳转型的企业提供贷款，降低他们的转型成本。中国的一些银行已经设立了专门的绿色贷款，优先为那些进行绿色项目的企业提供贷款。此外，金融市场可以通过发行绿色债券、绿色基金等金融产品，引导投资者投资于绿色企业。近年来，全球的绿色债券市场发展迅速，越来越多的企业通过发行绿色债券筹集资金，用于投资绿色项目。

在人才方面，无论是技术人才、管理人才，还是金融人才，他们都在推动制造业实现低碳转型中起着重要作用。技术人才可以通过研发新的生产工艺和产品设计，使制造业的生产过程更加绿色、环保。例如，高级工程师研发的新的生产设备的能源效率往往更高，碳排放更低。环保人才可以通过教育和宣传，提升社会的环保意识，推动社会整体的低碳转型。金融人才则可以通过发行和管理绿色金融产品，引导更多的资金流向绿色产业，推动绿色经济的发展。近年来，一些金融机构已经设立了专门的绿色金融团队，他们的工作就是发行和管理绿色金融产品，帮助企业筹集绿色项目所需的资金。

总之，实现"双碳"目标需要整个制造业生态圈的配合。只有在这个制造业生态圈中，所有环节都走向绿色和低碳，所有领域都做出努力，才能有效降低碳排放，实现碳达峰和碳中和的目标。

第三章　智能制造与制造业转型

对于制造业来说，智能制造不仅是一种新的生产方式，也是一种新的产业形态，更是一种新的经济增长点，它旨在整合、提升和深化信息化在制造业中的应用，创新和优化制造资源配置方式，全面提升制造业的质量效益和绿色发展水平，从而推动制造业向更高阶段的跨越。智能制造与制造业的转型升级紧密相连，智能制造既是制造业转型升级的必然选择，也是制造业面向未来的重要方向。因此，掌握智能制造的内涵与要素，明确其对制造业转型的推动作用，以及确定制造业智能化转型的实践路径，对推动制造业的转型升级具有十分重要的意义。

第一节　智能制造的内涵与要素

一、智能制造的内涵

智能制造作为制造业的新趋势，正在对全球制造业产生深远影响。要理解智能制造的内涵，就需要对其定义、目标、手段和能力等多个方面进行全面解读。

就定义而言，2015 年中国《国家智能制造标准体系建设指南（2015）

版》定义智能制造是在生产制造活动中设计、生产、制造等环节应用大数据，物联网和云计算等新一代信息技术，使生产系统具有自感知、自决策和自执行等先进功能，并以一种高度柔性与集成的方式实施制造过程中的各种活动。

智能制造，以其深度融合新一代信息技术如物联网、大数据、云计算等与制造活动的设计、生产、管理、服务等环节的特性，颠覆了传统制造业的认知。这种颠覆力量源自其具有信息深度自感知、智慧优化自决策、精确控制自执行等功能，这也是对智能制造的全面定义，概括了其作为先进制造过程、系统与模式的主要特征。

智能制造的目标，显著展现在提高制造质量和效率的同时，降低运营成本、减少库存以及缩短交付周期这些内部管理的各个方面。这不仅仅体现了生产过程中的高效与精确，更深远的影响在于整个企业运营的优化。对外而言，智能制造的目标也体现在提升服务水平与快速应对市场变化的能力上，以此应对日益激烈的市场竞争，保持企业的竞争优势。总体上，所有这些目标都围绕着提升企业整体经济效益，实现持续、稳定的经济增长。

智能制造的手段，基于精益管理的基础，运用先进制造技术与装备，如机器人、自动化设备等，应用先进数字化技术，如物联网、大数据、云计算等，以更科学、更高效的方式进行生产活动。这是智能制造的实现途径，也是企业能够实现智能制造，提高制造效率和质量的关键因素。通过这些手段，企业能够在制造前中后段整条价值链上的地位得到强化，从而实现生产活动的高效和优化。

智能制造的能力，主要体现在解决与生产相关的业务过程中复杂的运营、产品与工艺等方面的不确定性问题。智能制造引入了各种先进的信息技术，如大数据分析、人工智能等，这些技术可以帮助企业实时监控生产过程，预测并解决可能出现的问题，从而实现生产过程的优化。企业采用智能化的方法和技术，一方面可以解决传统制造业中无法或难以解决的问题，另一方面能提升制造业的效率和质量，为制造业的发展带来新的机遇。

二、智能制造的要素

在过去的几年中，新兴科技如物联网、5G、人工智能以及数字孪生等的迅猛发展，让人们见证了计算能力和算法前所未有的提升。与此同时，传统制造业在数字化进程中积累的海量数据也在此过程中发挥了关键作用。这三个要素的结合，催生了以"数据＋算力＋算法"为主体的智能制造技术体系。

在这个技术体系中，数据是立足点，是智能经济的主要生产资料。在生产链的各个环节中有无数的数据生成，它们为智能制造精度的提升提供了重要动力。而这些数据需要强大的算力来进行处理。云计算和边缘计算等代表性的计算技术，为大数据分析提供了强大工具。然而，单纯的数据和计算力仍然无法释放出全部的潜能。没有进步的算法，数据就难以发挥出其真正的价值。

值得一提的是，除了数据、算力、算法这三个关键要素，5G 和 TSN等现代通信网络也扮演着至关重要的角色。其高速、广覆盖、低延迟等特点为"数据＋算力＋算法"三大要素提供了紧密的连接，使之能够协同作业，从而发挥出巨大的价值，如图 3-1 所示。

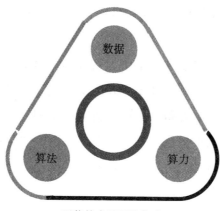

通信技术的网络集成

图 3-1　智能制造的四大要素

（一）数据

在科技进步带来的信息化浪潮中，制造业已经从单纯的物质生产扩展到了信息领域。这不仅涵盖了设计和生产阶段，还包括服务环节。数据的流动不再仅限于制造业的内部，也包括产业链的上下游以及跨界的数据。这种扩展正是制造业向大数据时代迈进的重要标志，它促进了制造业数据与自动化领域数据的融合。

实现制造业大数据的主要核心技术包括物联网、MEMS 传感器和大数据技术等，其中尤以物联网和 MEMS 传感器为代表。

1. 物联网

物联网是推动制造业进入新时代的关键科技之一。物联网的应用原理是通过在物体上嵌入电子传感器、执行器或其他数字设备，使物品之间通过网络链接，实现数据的自由收集和交换。这种万物互联的状态，使生产过程更加透明，车间运营更加数字化，工厂管理更加智能化。可以看到，物联网在提高工厂设施整体协作效率、提高产品质量一致性方面起到了重要作用。

让物联网真正发挥作用的关键技术，包括传感器技术、RFID 标签和嵌入式系统技术。

传感器技术即可以感知环境中的物理和化学变化，并将其转换为可读的电信号的技术。传感器技术可以广泛应用于制造过程中，从测量温度、湿度和压力等基本参数，到检测机器状态和产品质量，传感器技术为制造业提供了丰富的数据来源。这些数据能够通过物联网平台进行收集、分析和利用，帮助制造业企业实时监控生产过程，及时发现问题并采取措施，从而提高生产效率和产品质量。

RFID 标签是一种能够通过无线电信号进行通信的标识符，它可以附加在物体上，用于唯一识别和跟踪物品。在制造业中，RFID 标签可以应用于物流和库存管理，实现物品的自动识别、追踪和管理。通过 RFID 技术，企业能够准确记录物品的位置和状态，优化物流流程，提高供应链的可见性和效率。

嵌入式系统技术也是物联网在制造业中的关键支持技术之一。嵌入式系统是一种特殊的计算机系统，它具有嵌入在其他设备或系统中的特点。嵌入式系统能够为各种设备提供智能化的能力，使其能够感知环境、处理数据并做出响应。在制造业中，嵌入式系统可以用于控制和监控设备、优化能源利用、自动化生产流程等。通过嵌入式系统的应用，制造业企业可以实现更高的生产自动化程度，提高生产效率和产品质量。

2.MEMS 传感器

MEMS 传感器（微机电系统）是一种高度集成的智能系统，它通过集成微传感器、微执行器、微机械结构、微电源、信号处理和控制电路等多个功能单元的协同合作，实现了复杂的功能。这些传感器以其极小的体积和卓越的性能，在各个领域得到了广泛的应用。特别是在通信、制造业和汽车领域，MEMS 传感器发挥着重要作用。

以汽车领域为例，MEMS 传感器在汽车领域的应用正在迅速增长。它们被广泛应用于各种汽车系统，为车辆的安全性、稳定性和智能化提供关键支持。一般而言，一辆普通车辆中平均包含十多个传感器，而高级车辆则要在这个数量上再翻倍，这充分说明了 MEMS 传感器在现代汽车中的重要地位。

MEMS 传感器通过提高汽车的安全性、灵敏度，并降低成本，对车辆的防抱死系统、车身稳定系统、电控悬挂、电动刹车、胎压监控、引擎防抖、车辆倾角测量等方面起到关键作用。MEMS 传感器的种类和应用广泛，包括发动机控制传感器、底盘控制传感器、车身控制传感器和电气设备传感器。而从测量原理来看，MEMS 传感器可以分为机械量传感器、磁学量传感器、热量传感器、化学量传感器和微生物传感器。

物联网和 MEMS 传感器的发展标志着制造业正迅速迈入新的时代。从数据的收集和分析，到制造过程的自动化，再到服务环节的智能化，这些技术推动了制造业数据和自动化领域的融合，以及制造业进入互联网时代的趋势。这些技术的推动不仅改变了制造业的生产方式和效率，还在推动人们的生活朝着更智能化的方向发展。通过物联网和 MEMS 传感器技术的不断演进，制造业将继续迎来更多的创新和发展机遇，为人们创造更智慧、更高品质的生活质量。

（二）算力

算力的发展是由两种相辅相成的计算趋势驱动的，即集中化和边缘化。前者主要指的是以云计算为代表的集中式计算模式，后者则以边缘计算为代表，紧密依赖物联网的发展。云计算和边缘计算的结合改变了计算资源的管理方式，使数据管理和计算从根本上变得更为有效，更为灵活，带来了创新的计算模式。这两个技术模式的发展可以看作一种信息技术基础设施的演变，它们各自代表了集中化和边缘化这两种互补的思维方式。

1. 云计算

集中化的云计算模式通过云化的 IT 基础设施为产业界带来了深刻的

变革，减少了制造业企业投资建设、运营维护的成本。云计算可以被看作信息处理的"大脑"，它集中式地管理信息，为制造业提供了一个集中的平台，制造业企业可以在这个平台上完成各种数据处理任务。这样的模式让制造业企业无须承担繁重的数据中心管理工作，降低了成本。相较于传统的系统，云计算的通用性还使资源的利用率大幅提升。

一个理想的云计算环境应具有五个特性：按需自助服务、无处不在的网络访问、资源共享池、快速而灵活以及计量付费服务。

按需自助服务是指用户可以根据自身需求随时获取所需的计算资源和服务，无须事先与提供方进行烦琐的沟通和协商。在理想的云计算环境中，用户可以通过简单的界面或应用程序（API）接口自助选择、配置和部署所需的计算资源，如虚拟机、存储空间和网络带宽等。这种灵活的服务模式使用户能够快速响应业务需求变化，提高了资源利用效率，降低了传统IT部署和管理的复杂性。

无处不在的网络访问是指用户可以通过互联网或专用网络随时随地地访问云计算环境中的资源和服务。在理想的云计算环境中，用户可以通过多种终端设备，如传统电脑、手机、平板电脑等使用云服务，无须受限于地点和时间。这种便捷的网络访问方式为用户提供了更高的灵活性和移动性，使远程办公、协同工作和移动应用变得更加便利和高效。

资源共享池是指云计算环境中的计算资源被多个用户共享利用，它通过虚拟化技术将物理资源划分为多个虚拟资源，并根据用户需求进行动态分配。在理想的云计算环境中，计算、存储和网络资源可以弹性地分配和共享，实现资源的高效利用和共享经济。这种共享模式不仅可以降低成本，还能够提高资源利用率，实现对资源的动态调度和弹性伸缩，满足不同用户和业务的需求。

快速而灵活是指在理想的云计算环境中，用户可以快速获得所需的计算资源和服务，并根据业务需求进行灵活调整和扩展。云计算提供了快速部署和配置的能力，用户可以快速创建、启动和停止虚拟机实例，调整资源规模，实现自动化管理和监控。这种灵活性使用户能够更加敏捷地响应市场需求和业务变化，提高业务的创新能力和竞争力。

计量付费服务是指用户根据实际使用的资源量和服务时长进行计费，实现精确的资源消费和费用控制。在理想的云计算环境中，资源的计量和计费是基于实际使用情况进行的，用户只需支付实际使用的资源量费用，避免了传统 IT 部署和维护的高成本和浪费。这种计量付费模式能够帮助用户优化成本，为用户提供更透明和可控的费用管理，以及为用户提供更具经济效益的解决方案。

云计算的部署模型包括公共云、私有云、社区云和混合云，以"软件即服务（SaaS）""平台即服务（PaaS）""基础设施即服务（IaaS）"三种服务模式存在。

在 SaaS 层开发财务数字化平台，各业务系统使用 SaaS 平台提供的标准接口，可实现各种业务系统的敏捷开发和即插即用；PaaS 层，采用中台化架构设计和微服务理念，支持基于 API 调用快速开发构建个性化的应用管理场景，可为企业提供应用研发过程管理，包括开发、测试、发布上线、运维、监控和治理等应用全生命周期管理功能；IaaS 层，以高度自动化的交付模式为各业务系统提供硬件设备、操作系统、存储系统和其他软件，支持系统维护、数据备份和业务连续性等任务，提供对高度可扩展的 IT 资源的访问，可提高硬件资源利用率，降低企业运维成本。

在过去几十年中，制造系统的复杂性呈几何级数增长，传统的 IT 平台解决方案已经无法满足系统的信息处理需求，制造业必然要向云架构的解决方案转移。

2. 边缘计算

物联网的发展推动了边缘计算的产生。物联网技术催生了大量智能终端，这些设备在物理位置上处于网络的边缘侧，种类繁多。云计算模式虽然强大，但并不能完全满足所有的应用场景，它有一定的局限性。

而边缘计算，正好可以弥补这些不足。边缘计算通过海量物联网终端设备实现自治，许多处理任务可以通过设备就地解决，节省了大量的计算、传输和存储成本，使计算更加高效。

边缘计算是一种在网络边缘侧进行数据处理的技术，它靠近物联网设备或数据源头，通过融合网络、计算、存储和应用的核心能力，为用户提供了一种分布式的开放平台。边缘计算可以满足行业数字化在敏捷连接、实时业务、数据优化、应用智能、安全与隐私保护等方面的需求。

边缘计算的构成包括两大部分：资源的边缘化和资源的全局化。

资源的边缘化是指将计算、存储、缓存、带宽、服务等资源分布在网络的边缘侧，也就是接近数据产生和使用的地方，以满足实时性、可靠性和低时延的需求。低时延是指计算机系统或通信网络中的数据信息，从发出端传送到接收端所需要延迟的时间被缩短。通过将资源分散部署在边缘节点，边缘计算可以减少数据在传输过程中的延迟和网络拥塞，提供更高质量的用户体验。资源的边缘化还可以降低中心化数据中心的负载，减少数据传输的带宽压力，提高整体系统的可伸缩性和灵活性。

资源的全局化意味着边缘计算并不是一个孤立的实体，而是与中心化的计算模型（如云计算、超算）进行融合和协同。资源的全局化通过有效的资源管理和协调机制，实现了中心和边缘之间的互补和统一。边缘计算可以作为中心化计算模型的延伸，通过与云计算等中心化资源进行协同，实现资源的优化配置和协同处理。同时，边缘计算可以将边缘节点上的数据和计算结果汇集到中心节点进行分析和决策，实现更全局的数据管理和智能化应用。资源的全局化使边缘计算能够发挥更大的潜力，提供更综合、高效的计算服务。

资源的边缘化和资源的全局化是边缘计算的两个重要构成部分。资源的边缘化使边缘计算能够提供高可靠、高效率和低时延的用户体验，而资源的全局化则通过与中心化计算模型的融合和协同，实现了资源的优化配置和协调统一。这两个特性共同推动了边缘计算的发展，为各种应用场景提供了更强大和灵活的计算能力。

3. 云计算和边缘计算的关系

云计算和边缘计算并不是相互替代的关系，而是相互补充和协同的关系。二者需要紧密配合，才能更好地满足各种使用需求。这两种模式的演变，预示着未来算力的发展趋势，它们都将推动智能制造的发展，为制造业带来更大的效率和灵活性。

云计算作为中心化的计算模型，通过集中管理和提供大规模的计算和存储资源，为用户提供弹性、可靠和灵活的服务。它具备资源集中管理、成本优化、大规模数据处理和高度可伸缩性的优势。云计算适用于需要大规模数据处理、复杂计算和全球范围访问的应用场景。例如，制造业中的大规模数据分析、模拟仿真、供应链管理等领域都可以充分利用云计算的能力。

而边缘计算则将计算、存储和服务等资源分布在离数据产生和使用地方更近的边缘节点上，以满足实时性、可靠性和低时延的需求。边缘计算强调将计算能力尽可能地靠近终端设备和用户，以减少数据传输延迟和网络拥塞，并提供更好的用户体验。边缘计算适用于对时延要求较高、需要本地数据处理和实时决策的应用场景。制造业中的机器人控制、物联网设备管理和边缘智能化应用等领域可以受益于边缘计算的能力。

云计算和边缘计算的结合将带来更加强大和灵活的计算能力。云计算可以提供资源的弹性扩展和集中管理，边缘计算可以提供实时性和低时延的计算能力。在智能制造中，云计算和边缘计算可以相互协同，实现数据的全局管理和本地化处理，为制造业提供更高效的生产调度和质量控制。将制造设备与云平台相连，实时采集和分析设备数据，制造业可以实现设备状态监测和预测性维护，提高设备利用率和生产效率。边缘计算可以将实时的生产数据和决策结果反馈到制造现场，实现即时的生产调度和质量反馈，提高生产的灵活性和响应能力。

（三）算法

在现代的智能制造行业中，算法已经成为推动各种技术和系统进步的驱动力。这些算法的应用并非孤立的，而是深深地嵌入在各个制造环节中，参与从最初的设计和建模到最终产品制造和维护的整个过程。这种技术进步的动力，使得制造业变得更加灵活和自动化，推动了智能制造的繁荣和发展。

1. 计算机视觉技术

计算机视觉技术在制造业中的应用广泛。以前需要人眼进行精密操作和繁重工作的任务现在可以借助先进的算法和设备实现自动化，以提高生产效率，减少错误并提高产品质量。这种模拟人眼的功能，使生产过程更精确，同时降低了产生人为错误和产品质量问题的可能性。计算机视觉技术通过一系列的解决方案，实现了生产过程中各环节的自动化，在提高效率的同时，减少了对人力资源的需求。这是在制造业中实现无人工厂的关键一步。针对生产环节中的特定部分，这种技术也可以有效地取代人工，实现机器替代人工的目标。

在质量检测领域，计算机视觉技术尤其有价值。传统上，质量检测需要大量的人力资源，在恶劣的环境中进行长时间的眼部劳动，不仅会对人的健康产生影响，而且可能因视觉疲劳而导致错误。此外，高强度的工作使质检岗位的人员流动性大，给企业带来了招工难、培训成本高的问题。因此，计算机视觉技术在质量检测领域的应用尤其重要。借助这种技术，企业可以实现全自动的外观缺陷检测，这已经成为各个企业的首选方案，也已在多个领域得到成熟应用。自动化的质量检测不仅大大提高了检测效率和精度，也显著降低了企业的人力成本，提高了企业的生产力。

2. 人工智能技术

人工智能技术从六十多年前的提出到今天，经历了多个阶段的发展，目前已经在许多领域有了广泛的应用。新一代人工智能的关键在于机器学习，即通过大数据和算法，让机器能够自我学习和进步。这种技术的应用，已经深入制造业的各个环节，从生产线的质量检测到供应链的价格优化，都离不开算法的驱动。

在生产线上，人工智能通过深度学习等算法实现了对产品的逐一检测，从视觉上识别产品的各种缺陷，以实现对不合格品的快速检测和分拣。深度学习是机器学习领域的一种方法，通过模仿人脑神经网络的结构和功能，机器可以从海量的数据中提取特征，并进行模式识别和分类。通过训练深度学习模型，人工智能可以使机器能够准确地辨识产品的外观、尺寸、颜色等特征，并检测出可能存在的缺陷，如破损、变形、色差等。这种方式不仅降低了人力成本，还提高了产品的质量和生产效率。

在供应链环节，复杂算法能够将各种实时参数和历史数据进行整合，为每次货运交易提供公平的价格评估。供应链管理是制造业中至关重要的一环，它涉及原材料采购、生产计划、物流运输等多个环节。通过应用算法，人工智能技术可以对供应链中的各个环节进行数据分析和优化，以实现整体运作的效率和效益的最大化。在价格优化方面，人工智能可以利用算法分析市场需求、供应能力、运输成本等因素，结合历史数据和实时信息，预测和调整产品的定价策略。这种方式不仅确保了运输任务的合理规划，也实现了制造业企业利润的最大化。

3. 数字孪生技术

数字孪生技术即过程模拟技术，也得益于算法的驱动。这种技术通过创建一个物理对象的数字化副本，在虚拟环境中模拟产品或整个工厂的行为，以提高制造过程的效率和质量。在这个过程中，算法不仅负责处理大量的计算任务，还需要对各种数据进行解析和建模，以实现精确的模拟。在算法支持下，数字孪生技术可以实现从传统的试错式生产模式向精细化、智能化的生产模式转变。

数字孪生技术在产品设计方面发挥着重要作用。传统的产品设计往往需要通过实物样机进行测试和验证，这不仅费时费力，还成本高昂。而利用数字孪生技术，产品设计的每一个细节都可以在三维空间中进行调整和优化。设计师可以通过对数字孪生模型的修改和仿真，评估不同设计选择对产品性能和制造过程的影响，从而快速找到最佳方案。此外，数字孪生技术还可以将实际产品的数据与模拟模型进行实时对比，以便进行精确的校准和优化。通过数字孪生技术，制造业企业可以大大加快产品设计的速度和精度，从而提高市场响应能力和产品竞争力。

数字孪生技术在整个工厂的模拟和优化方面也具有重要意义。制造过程中的各个环节都可以通过数字孪生模型进行精确的仿真和预测。例如，工厂的生产线可以在虚拟环境中进行模拟。工厂可以通过优化生产流程和调整工艺参数，提高生产效率和产品质量。数字孪生还可以模拟不同的生产场景和方案，帮助企业进行生产计划和资源调度的优化，实现资源的最大利用和成本的最小化。

今天，人们看到的各种智能制造技术和系统，都是算法的应用和实践。算法作为智能制造的核心和精髓，正在推动制造业的技术进步，也正在塑造制造业的未来。

（四）通信技术的网络集成

在智能制造领域，信息交互的重要性无可置疑。海量的传感器需要与人工智能平台进行有效的信息交流，人机界面的交互效率也必须保持高水平。这不仅对通信网络提出了多样化的需求，还对其性能有了极高的期待。

在此情况下，无线通信技术的高可靠性也被视为必不可少的元素。作为连接数据、算力和算法的新一代通信技术，5G成为激活智能制造的重要媒介。

当人们谈及智能制造时，不能忽视灵活性、可移动性、低时延和高可靠性这些基本要素。5G作为新一代信息通信技术，其飞速发展正好满足了这些需求。与 4G 相比，5G 网络具有更低的时延、更高的可靠性和海量的连接特性，网络反应速度显著提升。

在 5G 的三大应用场景：增强移动宽带（eMBB）、海量机器类通信（mMTC）和超可靠低延迟通信（uRLLC）中，每个应用场景都具有独特的特点和应用需求。

增强移动宽带是 5G 网络的重要应用场景之一，它旨在提供更高的数据传输速度、更大的带宽和更好的用户体验。eMBB 的目标是满足人们对高清视频、虚拟现实、增强现实等大流量数据服务的需求，为用户提供更高质量的娱乐体验和丰富的多媒体内容，它支持更快速的文件传输和云服务。eMBB 的关键技术包括更高的频谱效率、多天线技术（如MIMO）、更先进的调制解调和调度算法等。通过 eMBB，用户可以在移动环境下享受到接近或超过有线宽带的网络速度，这满足了用户日益增长的高速数据传输需求。

海量机器类通信是 5G 网络中面向物联网的一项重要技术，旨在连接和管理大量的物联网设备，实现设备之间的低功耗、低复杂度的通信。mMTC 的应用场景包括智能家居、智能城市、工业自动化等，其中需要连接的设备数量庞大，通信要求低功耗、宽覆盖、高可靠性和低成本。与传统的通信技术相比，mMTC 在以下方面有了显著的改进：它有更低的功耗，以延长物联网设备的电池寿命；有更大的覆盖范围，以支持设备在室内和室外的连接；有更高的可靠性，以确保设备之间的数据传输稳定和可靠；有更低的通信成本，以促进大规模的物联网部署。

超可靠低延迟通信是 5G 网络中应对延迟和可靠性要求极高的关键应用场景而设计的。该领域的目标是提供高可靠性和低延迟的通信，以支持关键任务和应用，如自动驾驶汽车、远程医疗、工业自动化等。在uRLLC 中，延迟要求通常在毫秒级别，而可靠性要求接近 100%。为了满足这些要求，5G 网络引入了一系列的关键技术，包括更低的信道编码延迟、更快速的调度算法、更高可靠性的传输机制等。uRLLC 的实现将为许多关键领域带来重大变革，如提高工业生产效率、实现远程医疗诊断和治疗、推动智能交通系统的发展等。

这些应用场景将分布广泛、零散的人、设备和机器无缝连接，构建出一个统一的互联网络。无论是机器人同步还是制造业中的传感器应用，5G 技术都将在这些核心场景和技术中得到广泛的应用。例如，仅以机器人同步为例，只有 5G 才能提供足够的带宽和超高的可靠性，将智能装配流程中的协作机器人、AR 智能眼镜和辅助系统连接起来。在工作人员接近或需要停止机器人时，安装在机器人上的传感器能及时发出警报，减缓机器人的运动，避免对工作人员的安全造成威胁。

然而，尽管 5G 的潜力巨大，其技术仍在成熟过程中。5G 在智能制造领域的具体应用，有望突破规划和构想阶段，但大规模的落地实施，还需要一段时间的积累和探索。

无论是从海量传感器和人工智能平台上进行的信息交互，还是从人机界面上进行的高效交互，通信技术都提供了关键的支持。5G 作为新一代通信技术，为此提供了强大的支持，助推了智能制造的发展。在将来，5G 技术不断成熟和发展，将在智能制造领域发挥更加重要的作用。5G 不仅是连接数据、算力和算法的桥梁，也是推动智能制造进步的关键。

第二节　制造业智能化转型的作用

制造业智能化转型的作用主要体现在以下四个方面，如图 3-2 所示。

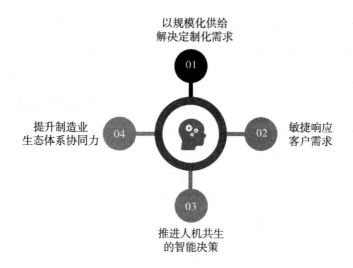

图 3-2 制造业智能化转型的作用

一、以规模化供给解决定制化需求

中国的制造业正处于一个前所未有的变革期，即从传统的制造业到智能制造的转型阶段，它正在发生翻天覆地的改变。这个转型的核心，就是要解决如何在大规模标准化生产的前提下，满足消费者多样化和个性化的需求。而智能制造借助先进技术支持与产业链资源的优化，使这种转型得以实现，从而为中国制造业带来新的发展机遇。

（一）先进技术支持

当今时代，消费者的需求正在变得越来越个性化和碎片化，对于传统的制造业而言，这无疑是一个重大挑战。然而，随着大数据、云计算、物联网等先进技术的发展，消费者对互联网的依赖程度不断提高，这个挑战也为制造业带来了新的机遇。这个机遇，就是 C2M（Customer-to-Manufacturer），即顾客对工厂模式，其中"C"代表顾客（Customer），"M"代表制造商（Manufacturer）。C2M 代表着定制化生产模式的出现。

在这个模式下，智能制造技术得以深度应用。借助大数据分析，制造业企业能够收集和理解消费者的需求，然后通过智能制造系统，实时地调整生产过程，从而满足每一位消费者的个性化需求。这是一种真正意义上的"顾客至上"，不再是口头上的宣传，而是实实在在地体现在产品的生产过程中。同时，智能制造也能通过优化生产流程，提高生产效率，降低生产成本，从而实现大规模的供给。这就是智能制造带来的巨大价值，也是智能制造在制造业中的重要作用。

以某服装集团为例，这家集团创立于 1995 年的服装企业，以生产高档西服、裤子、衬衣等服饰系列产品为主，是一家传统的制造业企业。然而在互联网浪潮下，传统制造业面临的巨大压力让该集团意识到要求变，只有将产品数据化，才能在互联网环境中自由流动，实现全程协同。

对于服装制造业来说，个性化定制和规模化生产是两个极端。特别是西服定制，因为其工艺复杂，一套西服的制作需要三个月到六个月的时间，因此传统的制造模式很难满足大规模的定制需求。而该集团则通过自主研发的男士正装定制平台 RCMTM（该集团西服个性化定制），解决了这个难题。这个平台的核心是一个由不同身材尺寸集合而成的大数据处理系统，让该集团每天可以生产出上千套西服，一套西服的制作只需 7 个工作日，且都是一次性完成。这套系统的独特之处在于用大数据替代了手工打版。在该集团的生产车间里，工人在电脑系统上输入顾客的身体测量数据和详细要求，一秒内就可以处理多个订单，以及每个订单的数十个技术细节。

在其大数据系统的支持下，该集团的工业化生产满足了个性化需求。数据驱动了每一个环节的进行，从订单排单、自动裁剪、整合版型，到后期的缝制、熨烫、质检、入库等，所有环节都通过数字化进行精细管理，每个员工都在互联网终端上工作。现在该集团更像一个数据中心，它收集、统计和分析所有数据，向员工提供完整的数据模型，再由员工根据数据模型裁剪衣服，使每件衣服都能完美贴合顾客的身材。这一切都源于十多年前该集团开始做服装定制的时候就坚定地进行数据研究，积累了海量数据，支持这个系统健康运行。

该集团的这一变革，是制造业智能化转型的一个成功案例。运用大数据、互联网、物联网等技术，该集团围绕服装定制的全过程，建立了一套完整的解决方案，实现了从个性化需求到规模化生产的转变。在这个系统中，消费者可以在网上提交个性化的定制需求，这些需求会立即被传输到工厂，然后形成数字模型，最后完成整个生产流程。这就是被称为"该集团模式"的新型商业模式，它彻底颠覆了现有的商业规则和生产模式，为传统制造业的转型升级开辟了一条新的道路。这种模式的成功，不仅是技术的胜利，更是一种新型商业模式的胜利，它证明了智能制造可以实现规模化供给，同时满足消费者碎片化的个性化需求。

中国之所以能够探索出这种解决定制化的独特路径，归功于庞大的需求市场、完善的供给体系以及能够对接需求端和供给端的平台。首先，中国有超过十亿的人口，这为需求市场提供了巨大空间。每个人都有自己的个性化需求，这样的庞大需求市场，使大数据变革成为可能。其次，中国的中小制造业企业产业集群也在迅速发展，它们构成了多元化的供给体系，能够满足消费者的多样化需求。最后，中国强大的互联网平台能够有效地将需求端和供给端进行对接。无论是电商平台，还是社交媒体平台，都能够收集和分析大量的消费者需求数据，再将这些数据送到供应端，使生产过程能够实时调整，满足消费者的个性化需求。这三个因素，使中国能够在智能制造的道路上走在世界的前列。

（二）产业链资源的优化

在制造业转型升级的过程中，产业链资源的优化是不可忽视的一环。传统的制造业往往存在着资源分配不合理、生产效率低下等问题，而这正是大数据和互联网技术可以解决的。通过将生产线转化为数据联网，制造业企业可以更好地理解和控制生产过程，实现生产的大规模高效协同，从而优化从制造到流通的整个链条，达到效率的最大化。

例如，"淘工厂"平台，利用大数据和算法，将某宝卖家的零散订单生产需求与工厂的产能动态变化情况结合起来，从而生成一个规模化的订单需求。这种方式能够更精准地匹配需求与供应，避免生产过剩或供不应求的情况发生，同时提高了整个制造业的运行效率。

"淘工厂"平台的出现，证明了大规模生产与个性化需求之间并不矛盾。以往，制造业往往是规模化生产与个性化需求二选一的局面，但是在现代智能制造的背景下，制造业完全可以实现规模化供给解决消费者碎片化的个性化需求。这得益于现代技术的发展，如大数据的应用可以让制造商更准确地理解消费者的需求，AI和机器学习的发展则可以帮助制造商更精细地控制生产过程。

对制造业而言，从生产端到销售端的全链条优化，已经成为中国制造业转型升级的一部分。这种转型不仅是技术的改变，更是对整个制造业经济模式的重新构想。借助智能制造的优势，中国制造业有望在满足消费者个性化需求的同时，提升整体效率。

二、敏捷响应客户需求

在传统制造业模式中，客户需求经常被笨重的生产流程和固化的工作模式所忽略。这种"一刀切"、标准化的生产方式使市场对个性化和定制化产品的呼声无法做出及时的回应。制造业企业往往无法准确捕捉市场需求，导致产品落后于市场，甚至造成资源浪费和效率低下。

同时，传统制造业新品研发的步伐缓慢，投放市场的时间过长。在创新竞争日益激烈的现代社会，产品更新速度不够快无疑是制造业企业失去市场的重要原因。生产流程的固化，使制造业企业难以应对市场的快速变化，无法实现产品的快速迭代。

此外，在传统制造业中，大批量生产模式的固守，使制造业企业在面对市场变化时缺乏足够的弹性。面对客户多样化的需求，制造业企业往往无法迅速调整生产线，进行精细化管理。这不仅降低了生产效率，也影响了制造业企业的服务质量。

不过，随着科技的进步，智能制造正在改变传统制造业的弊端，引领制造业向更高效、灵活和个性化的方向转型。智能制造通过精细化管理和大数据分析，可以准确捕捉到市场的需求变化，实现生产流程的灵活调整，进而快速响应市场需求。

具体来说，智能制造的核心就是实现制造过程中的信息化、智能化和网络化。通过实时监控和分析生产数据，制造业企业可以精确控制生产流程，提高生产效率。同时，智能制造也能够实现个性化生产，满足消费者对个性化产品的需求。智能制造的应用，使制造业从被动接受市场需求变为能主动预测市场需求。通过对大数据的深度挖掘和分析，制造业企业能够准确预测消费者的消费趋势，从而提前进行产品设计和生产，避免了传统制造业产品研发和投放市场的时间过长的问题。通过对历史数据的分析，制造业企业能够准确预测新产品的市场反应，从而做出更准确的产品决策。此外，智能制造也能够实现新品的快速投放市场，增强制造业企业的市场竞争力。由此引出一个新的概念——敏捷制造。

敏捷制造是智能制造推动下形成的制造形态，它是一种以应对多变市场需求为核心的制造方式，要求制造业企业具备快速响应的能力并有效配合各类资源以满足客户的个性化需求。作为当代制造业转型升级的重要方向，敏捷制造着重强调技术、管理和人力等各项资源的快速配置和协调，它对制造业企业以及其产品需求、设计和制造都提出了更高要求。

随着数字技术对消费端的赋能和新生代消费者对产品功能、产品包装等追求创新、追求快速的需求变化，制造业需要具备敏捷响应、柔性化生产的能力，以缩短产品研发周期、加快产品更新。在这个大背景下，制造业企业敏捷性的一个重要体现就是新品投放速度。快速响应市场变化、提升新品投放速度，已经成为制造业企业在激烈的市场竞争中生存和领先的关键手段。

除了敏捷制造，智能制造还重构了人机边界，建立起由人类赋予机器智能，由机器随时、随地完成复杂决策与逻辑操控任务的机器智能工厂，这也为制造业转型升级带来了新的机遇。这一未来工厂的模式由智能化、数字化与自动化三位一体打造，实现了工厂从无脑到拥有一颗工业大脑的转化，这是继三次工业革命后的又一次跨越。在这个过程中，云计算、大数据、机器智能以及专家经验的结合发挥了至关重要的作用。这种未来工厂的模式使制造业企业能够更精准地响应市场需求，缩短产品研发周期，加快产品更新。这一切都是对制造业转型升级的积极推动，不仅使制造业能够更好地满足消费者需求，也使制造业能够在激烈的市场竞争中保持领先地位。

三、推进人机共生的智能决策

在全球市场竞争日益激烈，消费者需求持续增长的大背景下，制造业的成功越来越依赖于其生产效率和质量。为了在这种环境下生存并繁荣，制造业不得不寻找新的解决方案。智能制造以其卓越的优势，在推动制造业转型升级，特别是推进人机共生的智能决策方面，展现出了巨大潜力。

回顾过去的制造业，制造商会发现其在决策过程中存在着许多弊端。这主要是因为在传统的制造业环境中，生产参数和工艺流程的设计往往依赖于人的经验和判断，这种方式无法杜绝对资源的浪费和不合理安排。资源的浪费或许隐藏在大量的生产数据中，而这些数据又难以被有效地处理和分析。例如，锅炉设备控制参数的不合理会导致燃料的过度消耗；轮胎生产过程中不同产地橡胶配比的不精确则会影响轮胎的稳定性。这些问题在复杂的生产数据中暗藏，但由于制造业企业缺乏有效的数据处理和分析能力，企业自然就无法清晰地看到这些问题并寻找到解决方案。因而企业需要寻找一个新的决策方式，使生产决策更加精确、智能化，从而更好地满足现代制造业的需求。

　　这正是智能制造发挥作用的地方。在智能制造的环境下，生产过程的每一个环节都可以被实时监测和调整，所有数据都可以被及时地收集和分析，从而使生产决策更加精准和及时。特别是人工智能和大数据技术的应用，使人机共生的智能决策成为可能。这种决策模式运用工业大脑进行智能决策，不仅能够提高生产效率，还能够减少资源浪费，提高产品质量。而这正是制造业转型所需要的：一个符合现代社会需求，具有前瞻性和战略意义的制造模式。

　　例如，太阳能制造业企业某合光能就是一个成功运用工业大脑进行智能决策的例子。某合光能利用云计算、物联网、大数据、深度学习等技术，以工业大脑为基本框架，实现了对生产过程的实时监控和优化。在这个过程中，公司将收集到的数千个生产参数输入工业大脑，由人工智能算法进行深度学习计算。同时，工艺专家也对这些数据进行了过滤和筛选，找出了与生产质量最相关的关键参数。利用这些参数，工业大脑可以在生产过程中实时监测和调控各种变量，从而实现生产效率的最大化和成本的最小化。根据企业公布的数据，该项目仅用五个月时间就提升了生产 A 品率 7%，创造了千万元的直接利润。

　　同样的，某逸石化也是一家成功应用工业大脑，实现生产过程智能化的制造业企业。作为一家大型化纤生产制造业企业，某逸石化每年需要消耗大量的煤炭。为了减少资源浪费，提高生产效率，他们引入工业大脑，通过数据采集、模型搭建、模型应用、反馈控制和服务提升，实现了锅炉燃烧能耗的优化。在这个过程中，他们对燃烧过程中的数百个变量参数进行深度挖掘，识别出最关键的十几个参数，并进行重点采集。然后，他们结合数理分析和机理推导，构建了关键参数与燃烧能耗之间的机理模型，并通过大量的离线学习样本数据进行反复训练优化，得到精确的模型。这个模型可以在本地或云端部署，制造业企业将新的在线数据源源不断地输入模型中，通过在线优化算法动态优化，可以进一步完善模型参数。在这个过程中，模型输出的结果可以形成四类模型，它们可用来解释工业现场的四个基本问题，从而实现生产过程的精准控制。

这两个例子都展示了智能制造在推动制造业转型升级，特别是推进人机共生智能决策方面的巨大潜力。它们证明了，只要用正确的方法引导和使用智能制造，就能够有效提高制造业企业的生产效率，减少资源浪费，提升产品质量，为制造企业带来显著的经济效益。这不仅是制造业发展的需要，也是社会经济发展的需要。

四、提升制造业生态体系协同力

在制造业生态中，协同作用至关重要，它直接影响着生产效率、资源配置和价值创造。

传统制造业由于信息流、物流和资金流之间的障碍，其协同作用通常难以发挥，从而造成资源浪费、生产效率低下的问题，甚至影响产品质量和造成服务水平下降。

一方面，由于传统制造业缺乏有效的信息共享和协同工作机制，制造业企业内部的设计部门、生产部门和供应链制造企业之间的协同往往不尽如人意。设计部门可能不了解生产部门的生产能力和供应链制造企业的供货能力，这导致设计的产品无法按时、按质、按量地生产出来。生产部门因不了解设计部门的设计意图和供应链制造企业的供货情况，导致在生产过程中出现各种问题，影响生产效率和产品质量。供应链制造企业因不了解设计部门的设计需求和生产部门的生产计划，导致供货不及时、不足或过量，造成资源浪费。

另一方面，由于信息系统的封闭性和独立性，传统制造业企业之间的协同也面临着诸多挑战。一些制造业企业可能只关注自己的生产环节，忽视与上下游制造业企业的协同，导致整个生产链的效率低下。一些制造业企业可能只关注自己的利益，忽视与同行制造业企业的协同，导致市场竞争加剧，消费者利益受损。一些制造业企业可能只关注自己的业务，忽视与金融制造企业的协同，导致资金流通不畅，影响生产和经营。

然而，随着新一代信息技术的发展，特别是工业互联网的兴起，制造业的协同问题正在得到有效解决。工业互联网平台作为一个面向制造业数字化、网络化、智能化需求的工业云平台，构建了基于海量数据采集、汇聚、分析的服务体系，支撑了制造资源的泛在连接、弹性供给、高效配置。这一变化不仅提升了制造业企业内部的制造协同，也推动了制造业企业间的产能协同、产业协同和产融协同，构建了一个高度智能协同的生态体系。

在内部协同方面，制造业企业通过对各环节数据的搜集和分析利用，实现了设计部门、生产部门和供应链制造企业的高度协同，打通了产品价值链全链条，有效地缩短了产品的生产研发周期，降低了成本。例如，某信集团通过打造集团层面智能制造云平台，使智能制造得以应用到集团旗下各类型制造业企业，实现了产品价值链全链条的高度协同。

在产能协同方面，工业互联网平台在产能交易上发挥了优秀的协调作用。由于制造业企业在区域和时间上的产能盈缺差异，产能闲置和产能不足同时出现。工业互联网平台通过实现产能资源的便利流通和合理分配，促使制造业企业间产能的盈缺互助，消解了产能的浪费和不足。

在产业协同方面，工业互联网打破了传统制造产业与新兴制造产业之间的壁垒。这实现了产业间的协同发展，为产业间提供了平台与支撑，使产业可以互联互通，实现了产业协同，推动了整个产业生态的发展。

在产融协同方面，工业互联网平台与金融制造企业合作，将平台搜集到的数据适当地运用到制造业企业融资环节，将其作为金融制造企业提供融资服务的评估基础，可以有效提升金融服务实体经济的能力，助力优质制造业企业实现资金的有效融通。

某信集团的智能化转型作为一个生动的案例，展示了如何利用工业互联网平台提升制造业生态体系的协同力。

某信集团依托产业资源丰富的优势，打造了"智能制造产业云平台",服务于旗下实业制造类企业开展智能化转型。这一平台不仅提升了集团内部各业务线子公司产业的协同效率,也培育了由集团、子公司、上下游制造业企业、外部服务商共创共建、共生共赢的智能产业生态圈。

在这个过程中,某信重工依托国家"特种机器人制造智能化工厂"项目,对特种机器人生产线进行智能化改造。智能化改造主要针对数字化物流、仓储、生产线以及信息化系统这四大独立系统,该集团还针对智能矿山设备和特种机器人做了大量投入,并通过智能化工厂提高产品的研发、仿真、生产效率以及产品品质。此外,某信集团还建立了智能建造平台,通过数据共享实现工程项目的精细化管理。

某信集团的这一实践充分说明了智能制造对于制造业生态体系协同力的提升作用,既解决了集团内部不同产业的数字化转型发展程度不一,集团内跨行业多维度数据无法有效沉淀用于决策分析等问题,也为大型综合集团智能制造转型提供了新的思路和模式。

第三节　制造业智能化转型实践路径

制造业始终追求的核心价值包括效率、质量、成本和满意度的最优化。过去的"大流水 + 大品牌 + 大分销"模式正在受到个性化消费需求的冲击,部分制造业企业已在 20 世纪 90 年代开始利用 IT 技术探索大规模定制的路径。如今,新的科技基础设施,如云计算、物联网、移动互联网、人工智能、大数据等,已广泛渗透到社会和经济各个角落,这为制造业的智能化转型带来了新的可能。在高度数字化的环境下,制造业可以基于数据和算法,在正确的时间以正确的方式将正确的数据传递给正确的人或机器,以此化解市场的不确定性。

制造业智能化转型实践就是为了打造一个智能制造体系。将传统的制造业流程,如消费者洞察、产品研发、采购、生产、营销、会员管理,逐渐替换成能实时反馈消费者洞察、数据驱动产品研发、自动化采购、柔性化生产、全域精准营销、盘活消费者资产的智能化制造业流程。这些改变，正是制造业智能化转型实践中搭建智能制造体系的真实写照，具体路径如图 3-3 所示。

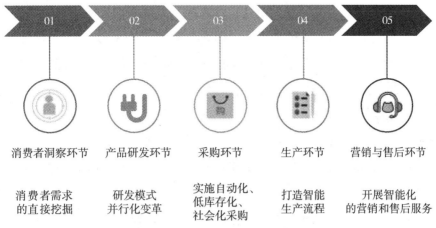

01	02	03	04	05
消费者洞察环节	产品研发环节	采购环节	生产环节	营销与售后环节
消费者需求的直接挖掘	研发模式并行化变革	实施自动化、低库存化、社会化采购	打造智能生产流程	开展智能化的营销和售后服务

图 3-3　制造业智能化转型实践路径

一、消费者需求的直接挖掘

智能制造体系的构建始于制造业对消费者需求的深刻洞察。需求挖掘环节在智能制造体系中扮演着至关重要的角色。通过充分利用新科技的优势，制造业企业能够更直接、更精准地获取消费者需求，提前做出决策和策略调整，以满足消费者不断变化和升级的个性化需求，从而推动制造业企业和行业持续发展和进步。

在工业大生产的历史长河中，供应端经过无数次的迭代和提升，直到 20 世纪 70 年代，生产过剩成为一种常态，卖方市场逐步转变为买方市场。在此背景下，消费者个性化需求的显现，为制造业带来了新的挑战与机遇。

在传统模式下，制造业企业在面对巨大且多样化的消费者需求时，其实现方式往往受限于制造业企业自身的生产能力和市场调研的局限性。

以市场调查为例，这种方式样本量有限，持续时间长，并且收集的数据往往具有滞后性。另一种常见的需求获取方式是门店或经销商的反馈，这种方式同样存在信息丢失和延迟的问题。这些间接的需求获取方式，使制造业企业在面对消费者快速变化的个性化需求时显得力不从心。

不过，新的科技发展，尤其是互联网、大数据和智能技术的快速发展，为改变这种局面提供了可能。随着"数据＋算法＝服务"的逻辑在各行业持续深化，消费者个性化需求的发现和满足变得更为直接和准确，这就是制造业智能化转型实践的第一条路径。

以互联网技术为例，随着互联网的普及和智能设备的普遍应用，消费者的行为数据被广泛记录和分析，为制造业企业提供了宝贵的信息资源。通过互联网技术，制造业企业可以实时了解消费者的购买行为、偏好和兴趣。例如，在电子商务平台上，消费者的浏览记录、购买记录、评论和评分等数据都可以被收集和分析。通过大数据分析和机器学习算法，制造业企业能够深入了解消费者的喜好、需求和购买决策等因素。

这种基于数据的需求发现方式使制造业企业能够更加精确地了解消费者的个性化需求。例如，当消费者在网上搜索特定款式的衣服时，制造业企业可以通过分析这些搜索数据，发现潜在的市场需求和趋势。借助云计算和实时数据分析技术，制造业企业能够迅速反应并调整产品设计和生产计划，以满足市场需求。

利用互联网技术，制造业企业还可以开通与消费者进行直接互动的渠道。借由社交媒体、在线调查和用户反馈等方式，制造业企业要主动收集消费者的意见和建议。这些数据不仅可以用于产品改进和创新，还可以加强企业与消费者之间的互动和沟通，使二者间建立更紧密的关系，从而有效提升产品的市场适应性和满意度。

智能技术的应用还将进一步推动这种消费者需求挖掘方式的转变。人工智能和机器学习技术，可以赋能制造业企业通过对海量数据的深度挖掘和学习，从而更准确地识别和预测消费者的个性化需求，甚至能够挖掘出消费者自身都未曾察觉的潜在需求。

以服装行业为例，传统的生产模式，如研发设计、生产制造等环节，往往受限于制造业企业内部的生产能力和市场信息的获取能力。然而，在智能化转型背景下，制造业企业要引入现代科技，如模块化定制技术、AI对服装消费数据的深度挖掘、智能化设备，将它们应用于生产环节、生产数据的云端存储和分析，以及生产数据与零售数据的整合方面，推动整个行业向着更加个性化和智能化的方向发展。

在这种背景下，消费者会越来越多地参与到产品的研发设计环节，如在线定制衣服、参与设计等。这种立足挖掘消费者需求的实践不仅能提升消费者的满意度，更让制造业企业能直接地感知和响应市场的变化。消费者的参与不仅仅是单纯的需求反馈，更是一种与制造业企业的共创和共享，这促使制造业企业在产品设计和制造过程中更加关注消费者的个性化需求，实现产品和市场的有机融合，完成一次真正意义上的对消费者需求充分、直接的挖掘。

二、研发模式并行化变革

在智能制造体系的构建过程中，研发环节的变革与创新尤其关键。从历史来看，制造业企业产品研发模式在工业革命以来一直遵循的是串行模式，这意味着产品开发过程被拆分为需求分析、结构设计、工艺设计等各个环节，并按照一定的顺序进行。

这种模式的显著特征是效率低下、成本高昂和周期长。受各个环节的线性顺序限制，前一环节的完成必须等待前置环节的结果，导致整个研发过程的时间被拉长。例如，需求分析完成后才能开始结构设计，结构设计完成后才能进行工艺设计，这样的顺序限制了研发速度的提升。串行模式下的研发成本较高是因为每个环节需要独立进行，研发团队需要投入大量的人力、物力和时间资源。而且，前一环节的结果可能需要多次返工和修正，导致资源的浪费和成本的增加。与此同时，串行模式下的制造环节都有一定的顺序，任何一个环节的延误都会影响整个研发过程的时间节点。这在竞争激烈的市场环境下，意味着制造业企业可能错失市场机遇，无法及时推出新产品或迎合市场需求变化。

然而，随着信息化、数字化到智能化的转型，制造业研发环节正在迅速演变为并行模式，极大地缩短了研发周期。

并行模式的核心思想是制造业企业将各个环节并行进行，不再依赖严格的顺序，使多个环节可以同时进行，从而提高研发效率。在建立智能制造体系过程中，制造业企业需要引入先进的信息技术和协同工具，不同环节的研发团队可以实时共享数据、信息和资源，快速进行交互和协同工作。例如，研发人员可以利用云端平台共同访问和编辑项目文件，实现实时协作；设计师可以通过虚拟现实技术在数字化环境中进行三维模型的设计和验证；数据分析师可以利用人工智能算法快速评估设计方案的可行性和优劣，从而加快决策过程。并行模式的应用使研发团队能够同步进行多个环节的工作，提前发现和解决问题，减少返工次数，从而大幅缩短研发周期。另外，多个环节的并行工作也促进了知识和经验的共享，加快了技术创新和产品迭代的速度。

在集成电路产业的发展过程中，这种研发模式的变革可能性显得尤为明显。虽然此领域产品的复杂度不断提高，但是其研发周期和投入基本保持恒定。

集成电路芯片的研发成本复合增长率几乎为零，这可以归因于多个因素的综合作用。首先，集成电路产品对环境和精度的要求非常高。由于集成电路芯片内部有着复杂的电路结构和微小的器件，它们对温度、湿度、电磁干扰等环境因素都非常敏感。因此，在研发过程中，研发人员需要进行严格的环境控制和测试，以确保芯片的稳定性和可靠性。这就要求研发团队投入大量的资源和精力来建立适当的实验室设施和测试系统，以满足高要求的环境和精度标准。

其次，集成电路芯片的设计和测试等环节在数字空间中完成，能够大幅度提高研发的效率。随着信息技术的发展，研发团队可以利用计算机辅助设计软件（如 CAD）和仿真工具来进行芯片设计和验证。通过数字化的设计流程，研发人员可以快速创建和修改电路图、布局和物理设计，这大大加快了设计的速度和灵活性。此外，借助仿真工具，研发人员可以在数字空间中进行电气特性仿真、信号完整性分析和功耗估算等工作，从而提前发现问题并进行优化。这种数字化的设计和仿真环节不仅提高了研发效率，也降低了实际芯片制造的成本，而且研发人员可以在数字空间中进行多次验证和优化，这减少了实际物理样片的制作和测试费用。

另外，随着集成电路产业的发展，研发团队积累了丰富的经验和技术知识，形成了成熟的设计方法和流程。这些经验和知识可以被整合到设计工具和流程中，形成一套高效的开发体系。团队成员之间的协作和沟通也得到了加强，通过共享经验和最佳实践，研发团队可以更快地解决问题和优化设计。这种经验积累和协作机制的建立使研发效率得到了进一步提升。

在各种研发工具的大规模使用下，高度集成的数字模型以及研发工艺仿真体系已经可以实现。传统上相互独立、按顺序进行的研发工作在时空上实现了交叉、重组和优化，下游的开发工作有些可以提前到上游进行，跨区域、跨制造业企业、跨行业的研发设计资源得到了有效整合，研发流程就可以整体上实现从串行向并行的转变，完成智能制造体系建设的第二步。

举例来说，某公司在在一项关键项目中展现了并行协同设计的良好实践。该项目采用了网络化协同研发平台，整合了来自 30 个国家和 50 家公司的设计人员，实现了高效的协同设计流程。这一并行协同的方式大幅缩短了研制周期，并降低了研发成本。

在这个项目中，网络化协同研发平台充分利用了信息技术和通信技术的优势，将各个设计团队连接在一起。设计人员可以通过平台实时共享设计文档、模型和数据，进行即时的协作和沟通。这种协同工作方式使得团队成员之间能够快速交流、及时解决问题，并能够更好地协同推进项目进程。通过并行协同设计，设计团队可以同时进行多个环节的工作，避免了在传统串行设计模式下等待时间长和信息交流不畅的问题。各个设计团队可以独立进行设计和验证工作，通过平台的集成和协调，实现设计结果的快速整合和验证。这种并行的设计方式大大加快了研发速度，使研制周期大幅缩短。同时，各个设计团队之间的协同工作也促进了知识和经验的共享，提高了整体设计质量。

中国的某航工业也在积极探索跨地域、跨制造业企业的数字化并行协同研制平台。该平台借助数字化技术和信息系统，实现了设计与制造之间的关联设计和并行协同。通过平台的应用，某航工业成功解决了在设计和制造过程中存在的各类协调问题，大大减少了返工的发生，提高了研制效率。

这一数字化并行协同研制平台的建立，使不同地域和不同制造业企业的设计团队能够实时共享设计数据和信息，进行协同设计和制造过程的同步推进。设计团队可以快速获取制造方面的反馈和要求，以及实时的制造数据，从而在设计阶段就能够考虑到制造的可行性和要求，减少后期的修改和调整。这种跨地域、跨企业的并行协同工作模式，极大地提高了设计和制造的协同效率，降低了返工率。

随着数据采集技术和设备的进一步普及，以及基于互联网、云计算的高效协同平台的发展，制造业的更多领域都需要实现并行逻辑，从而进一步推动智能制造体系建设，使之更加高效、精细和具有创新性。

三、实施自动化、低库存化、社会化采购

在构建智能制造体系的过程中，采购环节也是建设的重点之一。随着现代供应链管理理念的发展，制造业企业应该认识到采购不仅仅是一个简单的商品和服务的获取过程，而是一个涉及供应商管理、需求预测、

成本控制、风险管理等多个方面的复杂过程。在这个过程中，制造业企业需要应用智能技术为生产制造带来便利。

（一）自动化采购

构建智能制造体系需要建立自动化采购系统。传统的采购过程往往需要大量的人力投入，涉及的环节包括供应商的选择、价格的谈判、合同的签订、订单的处理、付款的处理等。这些环节不仅烦琐，而且效率低下，容易出错。而自动化的采购系统能够利用算法和大数据技术，分析大量的数据和采购历史记录，利用机器学习和数据挖掘算法来进行智能决策。系统可以根据采购需求和供应商的绩效评估等信息，自动选择最合适的供应商，并进行价格谈判和合同签订。通过智能算法的支持，自动化采购系统可以实时监测市场价格和供应链情况，从而在最佳时机下单，以获得更优惠的价格和更快的交货时间。自动化采购系统还可以通过自动化的订单处理和付款过程，进一步简化采购流程。系统可以自动处理订单生成、发货跟踪和货物收货等环节，这大大减少了人工操作和纸质文档的使用。同时，系统还可以与企业的财务系统进行集成，实现自动化的付款处理，提高了采购的效率和准确性。

（二）低库存化采购

构建智能制造体系需要建立低库存化，甚至零库存的采购模式。低库存化甚至零库存的采购模式是制造业企业在传统供应链管理的基础上，借助大数据和人工智能技术的发展实现的。在传统供应链管理中，由于信息不对称和传递速度较慢，企业通常需要保持较高的库存水平，以应对市场需求的波动。然而，随着大数据和人工智能的应用，制造业企业可以精准地预测市场需求，从而实现低库存甚至零库存的运营。大数据和人工智能技术使企业能够对海量的数据进行深入分析，以识别和理解市场的趋势和消费者行为。通过对历史销售数据、市场趋势、竞争对手动态和消费者行为等数据进行建模和分析，企业可以预测未来的市场需求，并根据预测结果来制订采购和生产计划。

以某电商平台为例，该平台利用强大的数据分析能力，实现了几乎零库存的运营。该平台的系统通过对大量历史销售数据和消费者行为的分析，建立了精准的销售预测模型。系统可以实时监测产品销售情况、库存水平以及供应链的状态，并根据预测模型的结果，自动触发采购和供应链管理流程。这种智能化的系统可以准确预测商品的需求量和交付时间，并根据市场需求的变化，及时调整采购计划和供应链配送策略，从而实现在恰当的时间和地点进行精确的补货。

（三）社会化采购

制造业企业要注重采购的社会化协同。在传统的供应链管理中，企业往往处于封闭的、稳定的和范围狭窄的环境中。然而，在智能商业的时代，借助大数据和人工智能技术，制造业企业可以构建一个开放的、动态的、广泛的协同网络，以实现更高效和灵活的运营。

这个开放的协同网络通过信息技术的连接，使制造业企业能够与供应商、客户、竞争对手、政府机构等各方进行实时的信息共享和协同工作。以超市运营为例，超市可通过信息系统的连接实现深度的社会化协同。当发现某一产品库存不足时，系统会自动通知供货商进行供货补充，从而确保供应链的顺畅运行。这种实时信息共享和协同工作的方式大大提高了供应链的响应速度和灵活性。

制造业企业要构建开放的协同网络，利用信息的实时共享准确地了解供应链上下游的情况，从而更好地协调供应和需求之间的平衡。首先，企业可以通过共享销售数据和预测模型，更精确地预测市场需求，并相应调整生产和供应计划，避免库存积压或缺货的情况发生。其次，与各方进行协同工作，企业能够更快地获取市场信息和竞争对手动态，从而更及时地作出决策和调整战略。

不过，开放的协同网络在构建的过程中也面临一些挑战和难点，需要制造业企业注意，其中之一是信息安全和隐私保护。在共享信息的过程中，企业需要确保数据的安全性和保密性，防止敏感信息被泄露或滥用。此外，不同企业之间的信息系统和数据格式可能存在差异，这需要进行标准化和互操作性的处理。

总之，完善智能制造体系的采购环节，是一个涉及自动化、低库存化、社会化协同等多个方面的复杂过程。在这个过程中，制造业企业要充分利用最新的技术，如大数据、AI 等，打造高效、灵活、低成本的采购系统。而在实际操作中，制造业企业还要注意到采购的风险管理，确保采购的稳定性和安全性。这需要制造业企业构建健全的风险管理机制，如供应商评估系统、风险预警系统、应急响应机制等，以应对市场和供应链的不确定性和风险。

四、打造智能生产流程

在全球制造业的领域中，数字化、智能化和互联网化正在全面地引领一场"车间"的变革，这一变革主要从设备、效率和组织三个层面来展开。对于任何制造业企业来说，理解和把握这一变革的内涵，既是一种挑战，也是一种机遇。

（一）生产设备的智能化

构建智能制造体系，打造智能生产流程的第一步，是实现生产设备的智能化。在过去的工业时代，制造业的基础是机械设备和电动零件，但在当今环境下，制造业的基础已经转变为了包括芯片、传感器、网络设备等硬件，以及数据库、生产管理软件等在内的复杂系统。生产设备的数字化、智能化和连接的即时化已经成为越来越多行业和制造业企业发展的现实需要。

机器人是生产设备智能化的一个重要方向。随着机器人在工厂车间的广泛应用，一种新的生产模式正在悄然形成。例如，中国萧山的"超级机器人分拨中心"就是一个典型例子。这个中心采用了上百个智能机器人，被称为"小蓝人"，它们昼夜不停地进行包裹的分拣工作，每天能够处理超过几十万件的包裹。类似的场景在全球的许多地方已经成为常态。可以说，机器人等智能化设备已经在全球的制造业中发挥着越来越重要的作用。

生产设备的智能化带来了许多显著的好处。首先，智能化设备能够提高生产效率和质量。由于其精准的操作和高速的执行能力，机器人可以在短时间内完成复杂的生产任务，减少人为因素的干扰，提高生产的准确性和稳定性。其次，智能化设备可以降低生产成本。机器人的使用可以减少人力投入，节约人力成本，并且可以通过智能化的调度和优化算法，提高设备的利用率和资源的效率，从而降低生产成本。最后，智能化设备还能够提供更安全的工作环境，减少工人在危险或重复性工作中的受伤风险。

为了实现生产设备的智能化，制造业企业需要采取一系列的措施对现有设备进行数字化改造和升级，以使其具备传感器、数据采集和通信能力。通过将设备与互联网连接，制造业企业可以实现设备之间的数据交换和远程监控，为智能化的生产流程奠定基础。制造业企业还需要引入人工智能和大数据技术，对设备进行数据分析和预测，以优化生产调度和资源配置。通过建立预测模型和智能算法，制造业企业可以实现设备的自动调整和优化，提高生产效率和灵活性。

不过，生产设备的智能化需要依赖先进的技术和解决方案，这包括传感器技术、人工智能算法、大数据分析等。企业需要投入大量的研发和创新资源，以满足智能化设备的需求。在安全和隐私方面，智能化设备涉及大量的数据交换和共享，制造业企业需要采取有效的安全措施，确保数据的保密性和完整性，防止恶意攻击和信息泄露。智能化设备还需要符合相关的法律法规和标准，以确保其安全和合规性。

（二）数据和算法驱动生产效率的持续优化

构建智能制造体系，打造智能生产流程的第二步，是通过数据和算法驱动生产效率的持续优化。在这个过程中，大数据和人工智能技术发挥了至关重要的作用。制造业企业通过采集各类数据，并运用先进的数据分析和预测模型，实现对生产过程的精准控制，从而提高生产效率、降低生产成本，并实现持续优化。

在实现数据和算法驱动的生产效率优化方面，风电行业提供了一个很好的例子。大型风力发电制造业企业通过工业互联网平台采集和分析风机设备运行、厂站管理、全球气象等各类数据。这些数据被用于构建预测模型和算法，实现了该企业对风电设备发电功率的精准预测和性能提升。相比传统的预测模型，这些数据驱动的模型为企业带来了显著的效益。

数据和算法驱动的生产效率优化基于以下三个关键步骤：

第一，制造业企业需要建立完善的数据采集系统。通过传感器、监测设备和互联网连接，企业可以获取包括生产线状态、设备运行数据、质量指标等各类关键数据。这些数据需要经过有效的存储和处理，以便后续的分析和应用。

第二，制造业企业需要运用先进的数据分析技术和算法。通过数据挖掘、机器学习和人工智能等技术，企业可以从海量的数据中提取有价值的信息和洞察。例如，通过对历史数据的分析，企业可以识别出影响生产效率的关键因素，并建立预测模型来预测生产线的性能和问题。这些模型可以帮助企业进行智能调度、优化资源配置，从而提高生产效率和降低成本。

第三，制造业企业还需要注重数据的实时性和准确性。及时收集和更新数据对精确的分析和预测至关重要。因此，企业需要建立高效的数据采集和传输系统，确保数据能够及时流动，并保证数据的准确性和完整性。

（三）生产组织方式的灵活化

构建智能制造体系，打造智能生产流程的第三步，是实现生产组织方式的灵活化。传统的制造业模式以全球采购、集中生产和全球分销为基础，但在当今环境下，这种高度一体化、集中化的制造体系受到了新兴技术和业态的冲击。互联网、大数据、云计算等新兴技术的发展为跨地区的协同工作提供了更高效的方式，而3D打印等新型生产方式的出现则促进了本地生产和本地消费的发展与变革。

首先，互联网和数字化技术的普及为制造业企业提供了实现生产组织方式灵活化的基础。通过互联网，企业可以与全球各地的供应商、合作伙伴和客户进行实时的信息共享和协同工作。这使制造业企业的生产过程可以更好地适应市场需求的变化和个性化需求的增加。企业可以根据市场反馈和需求预测，调整供应链和生产计划，实现按需生产和快速响应。

其次，大数据和人工智能技术的应用为生产组织方式的灵活化提供了更精准的决策支持。制造业企业可以通过大数据分析，深入了解市场趋势、客户行为和产品需求，从而优化供应链管理、产品定价和营销策略。同时，人工智能技术的应用可以实现智能调度和优化，提高生产效率和资源利用率。企业可以根据实时数据和预测模型，动态调整生产线的产能分配、工作流程和物料采购，以最大程度地满足客户需求并降低成本。

最后，新兴技术如3D打印为制造业企业提供了本地化生产的可能性。3D打印技术能够根据数字设计文件直接制造物品，不需要传统的生产线和运输环节。这使制造业企业可以在本地或就近生产所需产品，减少物流成本和时间，并满足个性化、小批量生产的需求。此外，3D打印还为创新和定制化提供了更大的空间，制造业企业可以根据客户的特定需求快速设计和制造产品，提供更个性化的解决方案。

五、开展智能化的营销和售后服务

技术的进步和智能化的崛起已为制造业的每一个环节带来了深远影响。营销和售后环节作为与消费者接触最直接、数字化和智能化程度最高的环节，不仅是智能制造流程中的重要组成部分，也是构建智能制造体系的关键环节。从营销策划、销售执行到售后支持，每一个环节都因为智能化的应用而发生了巨大转变。开展智能化的营销和售后服务，是制造业企业在当今社会环境中提升竞争力、赢得消费者信任的重要途径，不仅代表了一种技术的进步，也代表了一种商业模式的创新。制造业企业只有掌握和应用这种模式，为消费者提供更优质的产品和服务，方能为社会创造更大的价值。

（一）智能化营销

在过去，消费者对于制造业企业来说，往往如同一个神秘的黑箱，企业无法透视其需求、行为甚至情绪。即便是那些拥有会员体系的公司，也因难以实现与消费者的实时互动，从而导致价值的共创变得困难。然而，在数字化和智能化的浪潮下，这个曾经的黑箱正在被打开，消费者的行为、喜好、需求等信息逐渐被揭示，成为推动企业创新、提高效率、提升服务的重要资源。

如今，消费者的概念正在发生深刻的转变，他们从"客户"变为"用户"，再从"用户"逐渐进化为"价值共创者"。这一变化在制造业企业与消费者的实时互动中得以显现，智能化技术的应用已经渗透到了每一个环节，无论是在产品设计、生产、销售还是在售后服务中，智能化的应用都在推动着这种变化。

数字化和智能化时代的到来为制造业带来了前所未有的机遇和挑战。在这个时代，消费者不再只是接受信息的被动者，还是转变为参与和创造价值的主体。他们的行为数据和反馈信息都可以被制造业企业捕捉和分析，以便制造业企业更精准地满足消费者的需求。制造业企业也需要转变观念，把消费者从被动的信息接收者变为主动的价值创造者。在这个背景下，制造业企业如何构建智能制造体系，开展智能化的营销和售后服务，成了需要深入研究与探讨的课题。

为此，制造业企业需要建立数据驱动的智能营销体系。这不仅涉及数据的收集和分析，更关键的是制造业企业要运用数据，深入了解消费者需求，为消费者提供个性化的产品和服务。这就要求制造业企业不断提高数据处理能力，使用先进的数据挖掘技术，从海量的消费者行为数据中提取出有用的信息，从而制定出符合消费者需求的营销策略。

在这个过程中，在当前高度网络化、信息化的社会环境中，人工智能技术的应用尤显重要，尤其是在制造业企业的营销策略方面。人工智能能够应用深度学习技术，模拟人类的思维方式，自动化处理复杂的数据，对消费者的购买行为进行精准预测。深度学习是人工智能的重要组成部分，它借鉴了人脑神经网络的工作原理。人工智能通过不断训练和学习，让计算机自主地识别和处理数据。这种技术的出现，让制造业企业有了更加深入的市场洞察力。比如，企业可以利用深度学习技术，结合大数据分析，获取消费者的购买记录、搜索历史、社交行为等数据，然后通过分析这些数据，预测消费者的购买行为，甚至能够提前预测出消费者的未来需求。

人工智能的自动化处理能力，使制造业企业可以处理大量的消费者数据，而不需要人工逐一分析。这大幅提升了数据处理的效率和精准度，使企业能更快、更准确地掌握市场趋势。此外，通过自动化处理，企业还能够根据消费者的行为和偏好，自动调整产品推荐、广告投放等营销策略。

不过，人工智能技术并非万能的。在营销策略的执行过程中，制造业企业还需要密切关注消费者的反馈。这是因为，虽然 AI 可以预测消费者的行为，但消费者的需求和喜好却是千变万化的。因此，企业需要及时收集和分析消费者的反馈，根据人工智能的反馈信息，调整产品设计、服务方式或营销策略，以更好地满足消费者的需求。

（二）智能化的售后服务

智能化的售后服务，无疑是构筑智能制造体系的另一重要链条，关乎企业品牌声誉与消费者满意度的建立和提升。在竞争激烈的市场环境下，制造业企业不能只满足于产品的销售，更需要重视产品销售的后期阶段——售后服务。为消费者提供卓越质量的服务，已经成为制造业企业立足市场、塑造优质品牌形象的重要策略。同时，利用人工智能和大数据技术，实现数据驱动的智能售后服务，将是制造业企业未来发展的关键所在。

智能售后服务能够帮助企业从消费者角度出发，优化产品设计，改善用户体验，提高服务质量。例如，当消费者对产品有疑问或面临问题时，智能客服可以立即响应，提供解决方案，降低消费者的困扰；在产品使用过程中，智能设备可以收集用户的使用数据，帮助企业理解消费者的需求和喜好，从而改进产品设计；在售后服务过程中，人工智能还可以根据消费者的反馈，自动优化服务流程，提升服务效率。这些都将深化制造业企业与消费者的关系，提升消费者的满意度。

大数据和人工智能技术的发展，为制造业企业带来了无限可能性。通过收集、分析大量的消费者使用数据，企业可以获得产品的实时使用情况，深入了解消费者对产品的使用习惯，精准洞察产品可能存在的问题和改进的空间。例如，通过分析消费者的使用数据，企业可以了解产品在使用过程中的性能表现，预测产品可能存在的问题，及时调整产品设计。同时，大数据也可以帮助企业了解消费者对售后服务的需求，优化服务流程，提高服务质量。

此外，人工智能技术的应用，也让制造业企业有了更强大的数据处理和分析能力。企业可以利用人工智能，对收集到的大量数据进行快速、准确的处理和分析，实现产品的故障预测，提前发现可能出现的问题，从而为消费者提供有效的解决方案。例如，当数据显示产品可能出现故障时，企业可以立即通知消费者，并向其提供预防性维修服务，避免问题的进一步发展，减少消费者的使用困扰。

未来，智能化的售后服务将成为制造业企业提升品牌形象、增强消费者满意度的重要手段。在这个过程中，大数据和人工智能技术将发挥重要作用，它们将帮助企业提升服务质量，满足消费者的需求，实现企业与消费者的双赢。因此，制造业企业应当重视人工智能和大数据技术的应用，积极探索和实践智能化的售后服务，以适应日益变化的市场环境，保持在激烈竞争中的优势。

综合来看，智能化的营销和售后服务，不仅仅是一种技术的应用，更是一种商业模式的创新。这种创新的商业模式，代表了当今社会信息化、网络化的趋势，也是制造业企业在激烈竞争中保持优势的关键。在这个模式中，消费者不再只是产品的使用者，他们逐渐成了与制造业企业一起参与产品创新和改进的合作伙伴。这不仅让制造业企业有了更多的创新可能，也让消费者有了更多的参与感和满足感。

对制造业企业来说，这种模式的应用，需要他们利用先进的人工智能和大数据技术，从消费者的行为和反馈中提取出有价值的信息。这些信息，无论是关于消费者的购买行为，还是对产品的使用体验，都能够为制造业企业提供重要参考。制造业企业可以利用这些信息优化产品设计，提高产品质量，甚至发现新的商业机会。

同时，制造业企业也可以通过与消费者的互动，收集消费者的创新想法，促进产品的创新升级。消费者不再只是被动接受产品，他们的声音、需求和创新思想，都可以被制造业企业所听到，所理解，所重视。这种消费者参与的方式，无疑会进一步提升消费者的满意度，也会为制造业企业带来更大的竞争优势。

这种基于智能化营销和售后服务的商业模式创新，无疑为制造业企业带来了巨大的机遇，也提出了新的挑战。制造业企业需要不断学习、掌握和应用新的技术，以更好地适应这个模式。同时，他们也需要学会尊重和倾听消费者的声音，与消费者建立长期、稳定的合作关系。

第四章　绿色制造与制造业转型

　　绿色制造并非仅仅意味着生产环保产品，而是需要企业在整个生产过程中，尽可能地节省资源，减少排放，通过科技创新，提高资源利用效率，减少对环境的负面影响。在此过程中，设计理念、制造工艺、管理模式、回收利用等多个环节都发挥着重要作用。本章从绿色制造的内涵与要素介绍出发，重点分析制造业绿色化转型的作用。当然，绿色制造的实现并不容易，因为这需要制造业企业在提高效率、节约资源、减少污染等多个目标之间寻找平衡。绿色制造与制造业转型的实现还需要全面深入地探讨制造业在应对当下环境挑战、增强可持续发展能力方面的新路径和新思路，帮助制造业企业找准方向，做出改变。

第一节　绿色制造的内涵与要素

一、绿色制造的内涵

　　绿色制造源于对地球自然环境的敬畏和责任，它带着对社会生态责任的深刻理解和承诺，是一种为实现环境的可持续利用而奋斗的现代制造模式。绿色制造是现代社会对制造业提出的全新要求和赋予的新使命，集中体现了人们对资源环境的珍视、对生态环境的尊重和对自然法则的顺应。

现代工业制造活动不再仅仅关注生产效率和经济利润,绿色制造将环保意识和生态责任融入制造业的全过程,包括从源头设计、采购、生产到产品的使用、回收再利用,以及产生的废弃物的处理等环节。这是一种从源头到终端的全程考虑环境因素的制造模式,其目标在于使产品全生命周期中对环境的负面影响最小,资源的使用效率最高。

在具体实施过程中,绿色制造倡导采用绿色工艺和绿色材料,最大程度地减少废弃物,促进废弃物资源化和无害化,以期在追求经济效益的同时,实现社会效益的最大化。在绿色制造的视角下,废弃物不再是需要处理的困扰,而是可以循环再利用的资源。以环保、高效的方式生产出符合人类需求又对自然环境负荷最小的产品就是绿色制造的理想境地。

绿色制造是一种"大制造"的概念,它不仅仅关注制造过程,更从宏观层面看待制造活动在物质从自然到自然的无穷循环过程中所扮演的角色。这一概念理解并认同制造活动是与生态环境紧密相连的一部分,认同它是生态系统中的一个环节,因此制造业企业需要考虑和遵循自然的规律,尊重生态的平衡。这种观念的转变,使绿色制造的内涵超越了单纯的制造过程,涵盖了产品全生命周期的各个环节,也涉及多学科的交叉和集成,如设计、材料科学、能源科学、环境科学、经济、法律等。

面对全球性的环境挑战,绿色制造已经不再是一种选择,而是一种必然。在追求经济发展的同时,人类必须认识到环境的脆弱性和生态系统的重要性,这就需要全社会共同行动,努力实现绿色制造,以实现人与自然的和谐共生。而每一个参与制造活动的人,都应该有清醒的环保意识,时刻铭记自己在保护地球环境、保护人类未来方面的责任和使命。

二、绿色制造的要素

在 21 世纪的今天，时代的关键词已然由"速度"转为"绿色"。面对全球气候变化的挑战，绿色制造作为一个全新的发展方向，越来越受到重视。在"双碳"战略的引领下，绿色制造作为一种新型的制造方式，受到了越来越多的关注。绿色制造立足于环保、可持续的原则，致力于在全生命周期内最大限度地降低产品对环境的影响，同时不牺牲产品的性能、质量和成本。

实现绿色制造需要深入理解其三大要素：绿色理念、环保技术、制造工艺。绿色理念是绿色制造的基础和指导，它引导制造业在全生命周期内考虑产品的环保影响，从其设计、生产、使用到废弃处理，每一步都追求环保和可持续。环保技术是实现绿色理念的关键手段，其中包括清洁生产技术、废弃物处理技术和环保包装技术等，旨在降低生产过程中的能耗和废弃物排放。制造工艺是将绿色理念和环保技术具体化的方式，它需要制造业企业在产品设计阶段就充分考虑环保因素，并在生产过程中进行优化以提高效率和资源利用率。这三大要素相互影响，相互支持，共同构成了绿色制造的骨架，如图 4-1 所示。

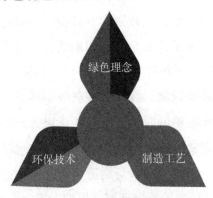

图 4-1　绿色制造的要素

（一）绿色理念

绿色理念，这个词本身就承载着对绿色发展和可持续发展的深远期许。绿色理念是绿色制造的第一大要素，是整个绿色制造活动的发展根基和源头。

绿色理念现在已经深入人心，深入人类生活的每一个细节，深入每一个产业，深入每一个企业，深入每一个产品。以环保属性赋予人类的制造行为以及产物，是环保意识在生产实践中的重要表现。在制造业企业的生产层面，绿色理念对资源的充分利用、对环境的保护和人类社会的可持续发展起到了引领作用。企业在生产过程中，其生产理念开始由原本的单一追求生产效率，转变为更加注重环保、效率和可持续发展的平衡。绿色理念使企业的生产方向逐渐转向环保和可持续，为绿色制造铺平了道路。

与传统的制造理念相比，绿色理念带有显著的特征，即对产品的全生命周期进行考量。从设计、生产、使用到废弃处理，绿色理念要求企业在每一个阶段都要充分考虑其对环境和资源的影响。只有如此，制造业企业才能实现真正意义上的绿色制造，达到节能减排的目标。这种全面、系统的考虑方式，体现了现代制造科学"大制造、大过程、学科交叉"的特点，这也是绿色理念与众不同之处。在绿色理念的引领下，绿色设计、高效、清洁的制造方法应运而生。这些新的设计方法和制造方法，对提高资源的转换效率、减少污染物的产生、有效回收利用材料起到了重要作用。

绿色理念的实现并非易事，这需要相应的环保技术和制造工艺的配合。这包括但不限于通过绿色设计的方法，使产品在设计阶段就具有低能耗、低污染、易回收的特性；通过清洁生产的方法，使生产过程尽可能减少对环境的影响；通过废弃物回收和再利用的方法，使废弃物的处理尽可能降低对环境的影响。只有在这些技术和制造工艺的支持下，绿色理念才能从理论转化为实践，真正落地生根，为绿色制造的推广和普及提供强有力的支持。

实施绿色理念的制造业企业，将能够在环保和经济之间找到平衡，实现环保效益和经济效益的双赢。这是因为，绿色理念在保护环境的同时，也强调提高资源的利用效率，这往往能降低生产成本，提高产品的竞争力。这种同时兼顾环保和经济效益的发展模式，使实施绿色理念的企业更能适应市场需求，更有可能实现长期的成功。

（二）环保技术

环保技术作为绿色制造的核心要素，在企业的生产制造过程中扮演着至关重要的角色。清洁生产技术、废弃物处理技术和环保包装技术等各类环保技术的发展和应用，为绿色制造的实现提供了技术保障，也在很大程度上推动了环保制造的发展。因此，只有深入理解和全面发展环保技术，才能真正实现绿色制造的目标，推动人类社会的可持续发展。

清洁生产技术的优势在于制造业企业可以通过改革传统的生产方式，优化生产流程，改良生产设备等方式，实现在生产过程中降低能耗和废弃物排放。这一技术的应用，使企业在保持生产效率的同时，成功做到了环保和经济效益的双赢。在生产过程中，通过技术升级和改进，企业不仅能够减少能源的消耗，提高生产效率，同时减少了生产过程中的污染排放，真正做到了清洁生产。这种生产方式既符合绿色理念的要求，又有助于提高企业的竞争力。

废弃物处理技术则关注如何对生产过程中产生的废弃物进行科学、有效的处理，以减少其对环境的影响。面对各种复杂的废弃物，废弃物处理技术需要找到合适的方法来处理，这需要深厚的科学研究和技术支持。通过废弃物处理技术，企业在生产过程中产生的废弃物得到了有效地处理和利用，这不仅减少了对环境的影响，也让原本被视为废弃物的物质得到了有效利用，为资源的循环利用提供了新的可能。

环保包装技术则关注如何在包装设计和包装材料的选择上，尽可能减少对环境的影响。在现代社会，包装已经成为商品的重要组成部分，然而传统的包装方式往往会对环境造成影响。环保包装技术的出现，解决了这一问题。这种技术要求在包装设计和材料选择上，尽可能地采用对环境和人体无污染、可回收利用或可再生的包装材料及其制品的包装，尽可能简化产品包装，避免过度包装，使包装可以多次重复使用或便于回收，从而在满足商品包装需求的同时，降低对环境的影响。

环保技术的出现，无疑为绿色制造提供了重要的技术支持。然而，环保技术的发展和应用，也面临着一系列挑战。这包括如何提高环保技术的应用效率，如何使环保技术在不同的生产环境中得到广泛应用，如何解决环保技术在应用过程中可能产生的一系列问题等。因此，环保技术的发展，需要制造业企业在理论研究和实践应用中不断摸索和提升。

（三）制造工艺

制造工艺在绿色制造的目标实现过程中扮演着重要角色。制造工艺是整个制造体系的基础，只有使用优良的制造工艺，制造业企业才能更好地实现绿色制造的目标，从而达到减少能耗、降低废弃物排放、提高资源利用率的目标。优化制造工艺，从源头上降低制造过程对环境的影响，是实现绿色制造的关键。

制造工艺的优化应从设计阶段就开始考虑。设计阶段是产品生命周期的起点，这一阶段决定了产品的性质和特点，对产品的全生命周期影响巨大。制造业企业从设计阶段就要考虑的环保因素主要有选择低能耗的生产设备、采用可再生资源等，这可以有效减少产品生命周期中的能耗和污染排放，从而实现绿色制造的目标。

在制造过程中，优化生产效率和减少废弃物的产生也是制造工艺优化的重要任务。通过生产过程的优化和管理，制造业企业可以有效提高生产效率，减少废弃物的产生。这不仅可以提高生产效率，降低生产成本，也能有效减少生产过程对环境的影响。此外，制造工艺还需要考虑产品的使用和废弃处理。设计易于回收和再利用的产品，既可以提高资源的利用率，也能减少废弃物的产生。这种全生命周期的考虑，是实现绿色制造目标的重要手段。

少无切削工艺作为一种绿色制造工艺，正在逐渐得到广泛的应用和认可。少无切削工艺通过精密铸造、冷挤压、直接沉积等先进的成型技术，将原材料直接成型为接近最终产品形状的零件，这极大地提高了原材料的利用率。这一工艺的应用不仅减少了传统毛坯制造时的能耗和物耗，也缩短了生产周期，进一步降低了产品的生产成本。在这个过程中，大量的原材料得到了节约，同时产生的废弃物也大大减少。少无切削工艺将制造业的传统方式进行了革新，使其更加符合绿色的理念，实现了生产效率的提升和环境影响的降低。

另一种绿色制造工艺是干式切削工艺，这种工艺在加工过程中不使用冷却润滑油，从源头上消除了切削液对环境的污染。以往在切削加工过程中，大量的切削液需要经过复杂的处理过程才能达到排放标准，而现在干式切削工艺解决了这个问题，它让切削液的排放量大大减少。此外，由于没有润滑油的存在，切屑也变得更加干净，这使切屑的回收利用更加方便，这也进一步提升了资源的利用效率。干式切削工艺的实施，为制造工业带来了重大的环保效益，是绿色理念在切削加工领域的重要体现。

然而，绿色制造模式下，制造工艺不仅仅限于减少能耗和物耗，还包括对生产过程中环境影响的控制，如噪声污染的控制。在机械制造车间，尤其是锻压车间，噪声问题一直是困扰生产者的一个重大环境问题。为解决这一问题，制造业已经开始尝试多种方式进行噪声的控制和消减，包括做好飞轮等刚转体的动平衡，采用热模锻压力机代替蒸汽锤锻压力机等。这些工艺可从源头上减少噪声的产生，再通过隔音设备来控制噪声的传播，就能有效改善工作环境，保护员工的听力健康。这些在生产过程中减少环境影响的工艺，体现了绿色理念在全面考虑环境和资源问题上的坚持和实践。

无论是少无切削工艺，还是干式切削工艺，抑或是噪声控制等环保工艺的实践和推广，都可以证明看到制造业正在从传统的以生产效率为主的模式，转向更加注重环保和资源利用的绿色制造模式，这将是制造业未来发展的主要方向，也是中国制造业实现可持续发展的重要手段。

第二节　制造业绿色化转型的作用

制造业绿色化转型的作用主要体现在以下四个方面，如图 4-2 所示。

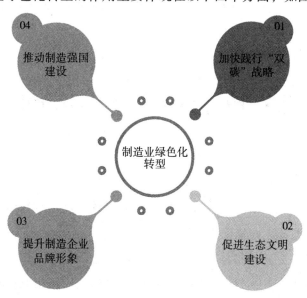

图 4-2　制造业绿色化转型的作用

一、加快践行"双碳"战略

制造业是经济活动中非常重要的领域之一，其能源消耗和碳排放量占据了国家总量的大部分。制造业的绿色化转型与"双碳"目标的关系是深入而复杂的，因为制造业的一举一动都直接影响到能源消耗和碳排放。

绿色化转型可以加快"双碳"战略的践行。北京某生态环境有限公司副总经理康某在 2022 年的新京报零碳研究院绿色发展峰会上分享了一项引人注目的项目，他讲述了如何将一座化工厂改造成一个城市森林公园，并在开园首年实现碳中和。

该公司以绿色发展为指南，深化了城市绿心项目的推动。项目的原址是始建于 1978 年的东方化工厂，曾是中国最大的丙烯酸及酯类产品生产、科研、开发基地。但随着北京产业结构升级转型，该化工厂最终退出历史舞台。2019 年，中共中央、国务院批准了城市绿心的建设规划，对原东方化工厂地区进行生态治理。

该公司针对原址工业聚集的生态基础薄弱区域进行了老旧工业厂房翻新改造，实现了建筑垃圾资源化二次利用。同时，该公司通过积极贯彻雨洪管理理念，合理利用雨水花园、下凹式绿地等场地空间，实现雨水的景观利用，将城市绿心打造成为会呼吸的"海绵城市"。在该公司的建设下，城市绿心项目有效融合工业腾退场地绿色管控与园林造景。该公司将生态环境最脆弱的地区改造成为生物多样性最丰富的生态保育核心区，使生态系统自然恢复，减少人为干预。这一创新做法节省了大量的环境治理资金，减少了大量的二氧化碳排放。

该公司还成功地将绿色设计融入城市绿心项目中，以优质生态产品供给带动周边产业，打造了绿色发展的总体格局。城市绿心大尺度生态空间的辐射效应，吸引了行政办公区、运河商务区、文化旅游区、张家湾设计小镇等功能组团的建设。同时，该公司充分利用丰富的地热资源和太阳能资源，通过实施地源热泵、光伏发电以及智慧能源管理平台项目，构建了低碳、高效、智慧的能源系统。

该公司的例子充分显示出绿色化转型是可以加快践行"双碳"战略

的，在此情况下，如何通过制造业的绿色化转型来实现"双碳"目标是该公司迫切需要解决的问题。在这个过程中，绿色制造技术和工艺的应用、绿色供应链的构建、循环经济的推动等都是需要关注的重要环节。

在探讨绿色制造技术和工艺对实现"双碳"战略的作用时，制造业企业要理解它们是如何从源头上减少碳排放的。这一切都始于生产流程的优化。在传统的制造业中，大量的能源和物料在生产过程中被消耗，而这种消耗无疑会带来大量的碳排放。然而，随着绿色制造技术和工艺的应用，这种情况正在得到改变。以少无切削工艺为例，这种工艺通过采用精密铸造、冷挤压、直接沉积等成型技术，实现了从接近零件形状向精密成型、仿形的发展。这种工艺的应用，不仅减少了生产过程中的能耗，也大大减少了物料消耗，因为其在制造过程中只需用到少量的材料就能完成产品的生产。而相比于传统的切削加工，少无切削工艺在降低碳排放方面具有显著优势，它不仅避免了大量的能源在加工过程中的消耗，也减少了废弃物的产生。

制造业的绿色转型不仅体现在生产过程的优化上，还体现在供应链管理的改革上。在实现"双碳"目标的过程中，供应链管理的重要性不容忽视。对供应链进行绿色化改造，可以从源头上减少碳排放。这包括选择环保的供应商，采用可再生资源和低碳技术，降低供应链整体的碳排放。

采用可回收和可降解的材料，也是降低制造业碳排放的重要手段。在产品的设计和废弃物处理阶段，制造业的绿色转型也将起到关键作用。设计易于回收和再利用的产品，可以提高资源的利用效率，减少废弃物的产生，从而达到降低碳排放的目标。此外，改进废弃物处理技术，将废弃物转化为有用的资源，也是实现"双碳"目标的重要途径。

在推动循环经济的发展方面，循环经济强调资源的最大化利用。优化资源配置，提高资源的再利用率，可以减少对新资源的需求，从而降低碳排放。例如，对废旧产品和废弃物进行回收再利用，可以大大减少对新资源的开采和加工，从而降低碳排放。同时，循环经济模式下的制造业更加强调产品的全生命周期管理，这不仅可以有效控制产品生产过程中的碳排放，还可以在产品使用和废弃阶段进一步减少碳排放。

二、促进生态文明建设

生态文明作为人类社会与自然界和谐共处、良性互动、持续发展的一种文明形态，已成为工业文明发展到一定阶段的必然产物。基于资源环境承载能力、自然规律与可持续发展目标，生态文明建设意味着形成资源节约型和环境友好型社会，形成人与自然和谐发展的现代化建设新格局。

党的十八届三中全会通过《中共中央关于全面深化改革若干重大问题的决定》对中国工业发展提出了新的更高要求。其中包括加快工业化进程，基本实现工业化目标。这需要制造业重视生态文明建设，切实转变发展方式，形成节约资源和保护环境的空间格局、产业结构、生产方式和生活方式。

绿色化转型促进生态文明建设的作用可以从某利资源集团的一场实践中得到深刻证明。

自 2013 年起，某利资源集团已经开展了光电治理沙漠模式的探索，现在已经建设并运营了多个吉瓦级光电治理沙漠工程项目。多元化的产业发展，多样化的环境建设以及多元化的效益共同为沙漠化治理做出了重要贡献。在长达三十多年的深耕库布齐沙漠生态建设治沙过程中，该集团对光伏治沙方式进行了深入探索，为我国在可使用荒漠化土地空间资源优势上累积了丰富的经验，为大漠治理提供了有力支持。

光伏治沙基地主要由三大部分组成：光伏开发及环境恢复区、环境绿化隔离区和沙障固沙区。在基地外围的荒漠地带栽植防风乔木锁边林带，使用沙柳条建造高于土地 500px 的垂直沙障等，可以有效阻挡风沙侵袭，保护工作区的环境。而在工作区内，该地也将大力发展太阳能板下的灌丛沙生植物种植，建立起稳定的灌丛草场，满足绵羊和禽类的养殖需求。

此案例向世界展示了绿色化转型制造业促进生态文明建设的作用，让世界聚焦制造业领域。新世纪以来，中国工业化进程加快，制造业整体素质明显改善，制造业体系门类齐全、独立完整，同时，我国的国际地位也在显著提升，我国已成为名副其实的制造业大国。然而，要想进一步发展，我国制造业就必须摆脱高投入、高消耗、高排放的粗放模式，资源能源的瓶颈制约必须打破。绿色制造的出现就是一个难得的机遇。

对于环境问题，我国制造业必须以全新的视角来考虑。从工业文明迈向生态文明是社会发展的必然趋势。生态文明是工业文明发展的新阶段，是对工业文明的发展与超越。建设生态文明并不仅仅是简单意义上的污染控制和生态恢复，而是要克服传统工业文明的弊端，探索资源节约型、环境友好型的绿色发展道路。这样的道路，意味着我国制造业必须在多方面推行绿色制造，不断缩小与世界领先绿色制造能力的差距，加快赶超国际先进绿色发展水平。

在此背景下，我国在多方面推行绿色制造，加快构建起科技含量高、资源消耗低、环境污染少的产业结构和生产方式，实现生产方式"绿色化"，这既能够有效缓解资源能源约束和生态环境压力，又能够促进绿色产业发展，增强节能环保等战略性新兴产业对国民经济和社会发展的支撑作用，推动工业绿色发展，加快迈向产业链中高端，实现绿色增长。

绿色制造在本质上就是以更小的环境代价，创造更大的经济效益，这不仅关乎技术层面的更新，更是一种基于生态理念的生产方式变革。在这个过程中，企业不仅要优化生产流程，提高效率，降低成本，还要以生态文明建设为目标，坚持低碳、循环、可持续的发展理念，注重资源的有效利用和环境保护。在产品设计、制造、使用、回收等全生命周期内，企业都要尽可能地减少资源能源消耗和环境污染，通过增强环保意识和改变生产方式，推动整个制造业的绿色化转型。

这种绿色化转型不仅能有效缓解资源能源约束和生态环境压力，而且能推动绿色产业的发展，使之成为中国经济发展的新动力。这不仅意味着在生产过程中实现节能减排，也促进了新材料、新技术、新设备的研发和应用，从而推动科技创新，提升了中国制造业的整体技术水平和国际竞争力，同时促进了生态文明建设的步伐向前跨越。

与此同时，在制造业绿色化转型加快践行"双碳"战略的作用基础上，一系列节能减排措施也共同构成了对生态文明建设的贡献。而这样的贡献，实质上是通过改变制造业的生产模式和经营理念，让制造业走上绿色、低碳、循环的发展道路。在这个过程中，制造业不仅要提高生产效率，降低成本，更要注重保护环境，实现社会、经济、环境三方面的共赢。制造业的绿色化转型，让制造业成为促进生态文明建设的重要力量，从而推动全社会共同走向绿色、低碳、循环、可持续的发展道路。

三、提升制造业企业品牌形象

2023 年 2 月，工信部公示了"2022 年度绿色制造名单"，其中 880 家企业成功入选 2022 年度绿色工厂。① 公示的"绿色工厂"评选由国家工业和信息化部组织开展，过程严谨，经过申报单位自我评价、第三方机构评价、省级工业和信息主管部门评估及专家论证、公示等环节，最终确定。绿色工厂评价的指标十分严格，其中涵盖了基础设施、管理体系、能源资源投入、产品、环境排放和绩效等六大类，每一类都细分为多个二级指标，体现了对绿色工厂的全方位要求。在这样严格的评价体系下脱颖而出的制造业企业，成为制造业企业绿色化转型的标杆企业。

在全球化和环保主义的双重驱动下，制造业正在经历一场绿色变革。制造业企业绿色化转型并不仅仅是一种生产方式的改变，更是一场深刻

---

① 工业和信息化部 .2022 年度绿色制造名单公示 [EB/OL]. （2023-2-9）[2023-05-30]. https://www.miit.gov.cn/jgsj/jns/lszz/art/2023/art_9421eab83a9b4f718b7c9d981ecfaaaf.html.

的意识觉醒，是对企业价值观、对人与环境关系的全新认识，它符合当今社会可持续发展的主流要求，符合广大消费者和社会大众对于绿色产品、绿色生产方式的期待。站在企业角度，绿色工厂的形象是企业向社会公众展示环保责任和社会责任的重要途径，是企业品牌形象的直接展示。绿色工厂的形象有助于企业赢得市场口碑，增强市场竞争力。从这个角度看，企业实施绿色制造，实际上是企业在积极回应市场需求和社会期待，这是企业形象提升的最本质推动力。

实现绿色制造是一种全面、深入的生产管理方式，强调的是制造业企业在整个生产过程中，在从设计、采购、生产、运输到废弃处理的所有环节中都要有效地利用资源，减少浪费，提高各环节的生产效率。这意味着企业应对自身的生产流程进行全面、深入的审视和优化，找出并解决影响生产效率的问题，降低资源浪费。这一过程也是企业管理能力和创新能力的体现，通过这种方式，企业不仅可以在行业中脱颖而出，成为绿色示范企业，也可以在提高生产效率、降低成本的同时，提升自身的企业形象。

在提升企业品牌形象的同时，绿色制造也让企业能够开发出更加环保、更具竞争力的产品，以满足消费者对环保产品不断增长的需求。在如今的市场环境中，消费者的需求和评价对企业的影响越来越大。消费者对环保产品的喜好不仅反映在购买决策中，也体现在他们对企业的评价和口碑传播中。因此，企业通过绿色制造推出的环保产品，不仅可以提高企业的市场份额，也可以进一步提升企业的知名度，塑造其在公众心中的良好形象。

在当今的社会环境中，企业的社会责任不再仅限于其经济责任，也包括了对环境的责任。只有在环保方面做出积极贡献的企业，才能赢得社会的广泛认可，赢得更多的市场机会。绿色制造过程中的节能减排、资源回收利用等环保举措，无疑是企业对社会责任的积极履行。这些举措不仅有助于企业降低生产成本，提高生产效率，也是企业对环保的实际贡献。这种贡献可以让企业在公众、政府和其他利益相关者中建立起积极、负责任的社会形象，从而进一步提升企业的社会影响力。

在绿色化转型过程中，制造业企业还会对外界进行有效的沟通和展示。这包括企业发布企业社会责任报告，公开绿色制造的成果，展示企业的环保行动等方式。这些方式不仅可以让企业的绿色行动得到公众的认可和支持，也可以引发更广泛的社会关注和讨论，进一步提升企业的知名度和影响力。同时，这种方式也是企业在提升形象的同时，对社会进行教育的一种方式，这可以让更多的人了解和支持绿色制造，从而推动社会的可持续发展。

通过以上的分析可以看出，制造业企业的绿色化转型不仅可以提升企业品牌形象，更重要的是它揭示了企业与社会、与环境的紧密联系，提醒企业所有的生产活动都必须基于对环境的尊重和保护，基于对社会责任的认知和履行。在这个意义上，制造业企业的绿色化转型，实际上是企业在寻找更为合理的生产方式，寻找与环境、与社会的和谐共生之道。

四、推动制造强国建设

全球经济形势下，制造业绿色化转型的紧迫性和必要性越来越突出，众多国家纷纷将绿色经济作为经济发展的核心。这对中国制造业而言是巨大的挑战和机遇。中国制造业的资源消耗较高，劳动力成本优势逐渐削弱，为了适应全球经济环境的变革和提升自身国际竞争力，中国制造业亦需大力推动制造业绿色化转型。与此同时，全球经济正经历一场以绿色为主题的深刻变革。如何在这一全球背景下，加快制造业的绿色转型，将制造大国推向制造强国的道路，已经成为中国经济发展的重大课题。

对制造业来说，绿色化转型对推动制造强国建设的作用重大。因为绿色制造不仅能够帮助企业实现生产效率的提升，降低生产成本，提升产品竞争力，更能够促进企业生产技术的创新和进步，进而推动制造业的整体水平提升。

一方面，绿色制造在技术创新和进步上的推动作用是巨大的。绿色制造要求企业在生产过程中全面考虑资源效率和环境影响，这对企业提出了更高的技术要求，这需要企业在产品设计、生产流程、废弃物处理等方面进行技术创新。

对于材料选择，企业需要找到新的、更环保的替代材料，或者改进现有材料的制造工艺，使其更加环保。对于产品设计，企业需要在设计初期就考虑产品的全生命周期影响，包括在生产、使用和废弃等阶段对环境的影响，这需要企业采用新的设计理念和设计技术。对于生产流程，企业需要优化生产过程，降低能源消耗和排放，这需要企业引进新的生产设备和生产管理技术。对于废弃物处理，企业需要寻找新的处理方式，减少废弃物的环境影响，这需要企业引进新的废弃物处理技术和设备。这些技术的创新和进步，不仅有助于企业实现绿色制造，也有助于推动制造业的整体技术水平提升，使中国制造业在全球产业链中的位置得到提升。

另外，绿色制造在推动需求侧创新方面的作用不容忽视。对于现代的消费者来说，他们已经不仅仅满足于产品的基本功能和价格，更加关注产品的环保性能和社会责任。这种对绿色产品日益增长的需求，为制造业的绿色化转型提供了强大的市场动力。制造业企业可以通过开发新的、绿色的、环保的产品，来满足这种新的市场需求，从而在竞争激烈的市场中获得新的发展机遇。同时，需求侧的创新也会反向推动供应侧的创新。当消费者对绿色产品的需求增加时，企业需要在产品设计、制造工艺、材料选择等方面进行创新，以生产出满足消费者需求的绿色产品。这种需求驱动的创新，会进一步促进制造业的技术进步和升级。通过绿色产品的开发和推广，企业不仅可以满足市场需求，还可以推动自身的技术创新和升级，进一步提升企业的竞争力。

这种由需求侧推动的创新和技术进步，同样也有利于提升中国制造业的国际竞争力。在全球市场上，绿色产品已经成为一种重要的竞争优势。中国制造业可以通过开发高质量的绿色产品，满足全球消费者的需求，从而提升中国制造业的国际竞争力，提升中国在全球制造业中的地位。

在全球化的大背景下，绿色制造对提升制造业的国际竞争力具有至关重要的作用。在全球市场上，制造业的竞争已经不仅仅是产品的价格和质量，更多的是产品的环保性能和社会责任。在全球环保意识日益增强的今天，绿色制造已经成为制造业的一个重要竞争力指标。通过实施绿色制造，中国制造业可以在产品的环保性能上与国际先进水平接轨，从而满足国际市场的环保要求，提高产品的竞争力，提升中国制造业的国际地位。

第三节　制造业绿色化转型实践路径

制造业绿色化转型要从以下几个方面入手，如图 4-3 所示。

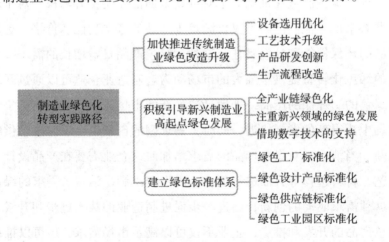

图 4-3　制造业绿色化转型实践路径

一、加快推进传统制造业绿色改造升级

在全球环境压力和资源限制持续增大的背景下，制造业的绿色化转型已然成为全球企业广泛接受的共识。生产过程中的环境污染问题、能源消耗问题以及废弃物处理问题等，一直是全社会关注的重要问题。绿色化转型不仅是制造业适应市场发展、提升自身竞争力的必然选择，而且是制造业回应社会责任、履行环境责任的现实需求。

钢铁、有色、化工、建材、造纸、印染等传统制造业的绿色化改造是绿色转型的重中之重。这些行业既是经济发展的重要支柱，也是能源消耗和环境污染的主要源头。以安宁市传统制造业转型实践为例，在追求绿色化转型的道路上，安宁市在钢铁、化工和石化等传统高能耗行业相关的绿色转型措施频出。

某公司通过上线"昆钢智慧制造系统"，成功地实现了全流程的智慧化管理。系统内的各项能耗数据，包括吨钢综合能耗、吨钢电耗、煤气放散率、自发电率等的实时呈现，为企业的绿色转型和智能化提供了准确的数据支持。这种数据驱动的管理方式提高了资源使用效率，使该公司能够在生产中更有针对性地降低碳排放。

安宁市的工业固废循环利用计划展示了绿色化转型的另一重要方面——资源的可持续利用。工业资源综合利用基地是该市大力推进工业固废循环利用的主要载体。基地对化工渣、冶金渣、粉煤灰、工业废弃料、尾矿等工业固废进行可持续利用处理，实现了资源再生。这是一项具有深远影响的措施，它不仅带来了显著的环境效益，也创造了巨大的经济价值。

化工行业的绿色转型实践同样引人注目。某公司通过引进节能技术，使得生产过程中的余热余能得到回收和再利用，这在一定程度上降低了该公司的年度能源消耗值。这项技术改革显著提升了能源利用效率，减少了环境污染。

某石化公司选择采用清洁燃料，以及脱硫、脱氮等技术，从源头上大幅减少了污染物和碳排放。这个改进措施在 2021 年为公司节省了超过一千万元的成本，同时大幅降低了碳排放。

安宁市的实践案例揭示了传统制造业绿色化转型的多元路径，本书结合该案例和其他相关内容总结出传统制造业绿色改造升级的一般路径。传统制造业需要从设备选用、工艺技术、产品研发、生产流程等多个方面入手，以实现生产效率的提高和能源消耗的降低以及环境污染的有效控制和废弃物的合理处理。

（一）设备选用优化

设备选用优化是推进传统制造业绿色化转型的一个关键环节。这不仅涉及传统制造业生产效率的提高，也与能源消耗的降低，甚至与废弃物处理的减轻密切相关。在此过程中，传统制造业需要投入大量的资金和人力资源，以适应生产工艺的变革，更好地满足绿色化生产的目标。

一方面，设备选用优化要求制造业企业广泛采用高效设备，如高效电机、高效锅炉等先进设备。这些设备在设计和制造过程中就充分考虑了能源利用效率和环保性能。比如，高效电机能够在完成相同工作量的前提下，比传统电机消耗更少的电能。高效锅炉则通过独特的燃烧方式和热交换设计，实现更高的能源利用率。在实际生产中，这些设备能帮助企业实现能源的高效利用，达到绿色生产的目标。

另一方面，设备选用优化能提高产品质量，降低废品率。现代高效设备通常都具备更精确的控制系统，能够在生产过程中实时监测和调整工艺参数，从而提高产品的一致性和可靠性，减少废品的产生。这既能降低企业生产成本，提高经济效益，也能减轻企业面对废弃物处理的压力。

（二）工艺技术升级

新一代可循环流程工艺技术的研发是推动传统制造业绿色化转型的一种有效手段。可循环流程工艺技术能够有效地提高资源利用率，减少废弃物的产生，有助于实现绿色生产。这种工艺技术的应用不仅能够在新的生产流程中实现高效率、低污染的生产，也能够用于改造现有的传统生产流程，进一步提高生产效率和资源利用率，降低能源消耗和环境污染。

在此基础上，推动具备能源高效利用、污染减量化、废弃物资源化利用和无害化处理等功能的工艺技术的研发和应用，是实现传统制造业绿色化转型的关键。这些工艺技术能够实现生产过程的优化，提高生产效率，降低生产成本，同时能够有效控制环境污染和废弃物产生。这些工艺技术的研发和应用需要企业、科研机构和政府之间紧密合作，形成一种科技创新的强大推动力。

（三）产品研发创新

制造业企业的竞争力不仅仅取决于生产效率，更重要的是能够提供满足市场需求的、质量高效的、符合绿色可持续发展目标的产品。因此，加强绿色产品的研发和应用，推广轻量化、低功耗、易回收的设计理念，不仅是实现产品性能提升和成本降低的重要方式，也是提高产品回收率和减少废弃物处理压力的有效途径。

在传统制造业绿色产品的研发过程中，企业首先需要搭建一个完善的绿色设计系统，这个系统应该包括市场调研、产品设计、原型制作、测试评估等各个环节，以确保设计的产品能够满足市场需求，同时能满足环保的要求。其次，企业需要充分利用现代信息技术，如大数据分析、人工智能等工具，提高设计效率和准确性。

在设计推广方面，轻量化、低功耗、易回收是重要的发展方向。轻量化可以减少产品的物料消耗和能源消耗，降低生产成本；低功耗可以减少产品在使用过程中的能源消耗，降低环境影响；而易回收则可以提高产品的回收率，减少废弃物的处理压力。这些产品的推广和应用，需要企业在技术研发上持续投入，同时需要政府提供相应的政策支持和市场引导。

在推动产品研发创新的过程中，企业的设计能力和市场敏感度尤为重要。设计能力体现在企业能够准确把握市场需求，设计出符合市场需求的产品；市场敏感度体现为企业能够快速响应市场变化，及时调整产品设计，以适应市场需求。这些都需要企业建立一套完善的市场信息收集和分析系统，提高企业的市场敏感度，还需要企业持续提升设计能力，推动产品研发创新。

（四）生产流程改造

相比于仅关注硬件设备的更新，流程改造更关注生产方式和管理模式的革新，以期达成资源的最优化利用、环境影响的最小化以及社会责任的最大化。

对传统制造业生产流程进行绿色化改造时，企业应该先围绕生产流程中的物料和能源的运用进行考量。物料和能源是制造过程中最核心的两个要素，如何更有效地利用物料、减少能源消耗，这直接关系到生产效率和环境影响。在这方面，企业需要引入闭环生产和循环利用的理念，这意味着在生产过程中生成的废弃物和剩余能源，需要通过一定的方式回收利用，将它们重新注入生产流程。这不仅能够减少资源消耗，也能降低废弃物和排放物对环境的影响。

生产流程的改造还包括对生产布局的优化。优化生产布局是实现资源效益最大化的关键环节。这不仅涉及物料、设备的配置，还包括物流路径的规划，以减少在生产过程中由于物料运输、设备排布不合理导致的时间和空间损耗。采用系统工程的方法，企业可以对生产流程中的各个环节进行全面的分析和整合。这包括通过模拟、试验等手段，对生产过程中的物料流、信息流进行动态监控和调整，以期找出最佳的生产布局形式。只有优化了生产布局，传统制造业才能从根本上提高生产效率，减少不必要的资源消耗，真正实现绿色生产。

生产流程改造也涉及生产模式的转变。绿色生产模式不仅关注产品的质量和性能，更注重考虑产品全生命周期的环保性。这就需要从产品设计阶段就开始引入绿色理念，考虑产品的可回收性、可降解性等环保属性。在生产阶段，企业需要采用绿色制造技术，降低生产过程中的能源消耗和污染物排放。在产品使用和回收阶段，企业需要提供绿色服务，鼓励用户合理使用产品，积极回收废弃产品。只有这样，企业才能从源头到终端实现绿色生产，满足社会对可持续发展的需求。

值得一提的是，生产流程改造不能忽视对人的因素的考量。无论生产技术如何先进，企业只要缺乏高度的环保意识和专业技能，就难以实现绿色生产。因此，制造业企业应该通过培训和教育，不断提升员工的环保意识，使他们深刻认识到绿色生产的重要性。同时，企业也应该培养员工的绿色技能，使他们能够在生产实践中灵活运用绿色生产技术和方法，从内部驱动绿色生产，推动传统制造业企业实现绿色化转型。

二、积极引导新兴制造业高起点绿色发展

新兴制造业作为推动社会经济进步的重要动力，已在全球范围内崭露头角，并以其高技术含量、高附加值、资源集约等特点，为制造业的绿色化发展提供了新的实践路径。

新兴制造业，如半导体照明工程、环保设备制造、锂电池制造、手机和计算机制造等，相比传统制造业，其生产方式、增长方式、发展观都呈现出新的变化。在生产方式上，新兴制造业更加注重灵活性和适应性，它能够根据社会需求，实现小批量、多品种生产；在增长方式上，新兴制造业更加注重依靠科技进步，减少能源消耗和环境污染，提高经济效益，使产业和产品的科技含量更高，人力资源优势得到充分发挥；

在发展观上，新兴制造业更加注重未来，更加注重信息化程度、无形资产的比重、技术创新的能力，更加注重节约型、集约化和可持续发展。

对于新兴制造业，高起点绿色发展更具有迫切性。面对着日趋严格的环保法规，以及公众对环保、绿色日益增强的意识，新兴制造业应当在生产、设计、研发和管理等全过程中，充分体现绿色化、低碳化的理念和实践。这样不仅可以满足社会和法规的要求，也能为企业自身带来持续、健康的发展。

（一）全产业链绿色化

全产业链绿色化的实施，无疑是推动新兴制造业向着可持续发展道路进一步迈进的关键。从源头到终端，从设计到回收，全产业链绿色化贯穿产品的全生命周期，它以实现新兴制造业的高起点绿色发展为目标。这种发展模式无疑将赋予制造业新的生命力，为实现"双碳"的目标铺平道路。

首要的一步便是绿色设计，它充分体现了环保理念在产品开发和设计中的重要地位。简单来说，绿色设计以环保为导向，以减轻对环境的影响为目标，它全面考虑产品全生命周期内的环境性能，采用了最优化的设计方法和活动。它从设计源头出发，全面考虑产品的生命周期，包括原材料采购、生产过程、产品使用以及最终处理等各个环节。例如，制造业企业选择可再生或低污染的原材料，采用能量效率高的生产方法，设计出节能、低碳、易回收的产品，以此降低产品在其整个生命周期中对环境的影响。

新兴制造业在生产过程中也需要遵循绿色生产的原则。绿色生产并不仅仅意味着新兴制造业在生产过程中对能源的有效利用，更深层次的含义是其在生产过程中对废弃物的有效管理，以及尽可能地减少生产过程对环境的影响。比如，新兴制造业可以引入清洁生产技术和设备，通过减少能源消耗和有害排放，实现生产过程的绿色化。新兴制造业还可以充分利用废物资源，通过回收利用，减少生产过程中的污染。此外，引进环保的生产技术和工艺，如采用环保材料、优化生产流程、提高资源利用率等，也是新兴制造业推进绿色生产，从源头上减少环境污染的有效途径。

新兴制造业在产品的使用和最终处理过程中，也需要秉持绿色理念，注重提升产品的绿色运行和再生能力。例如，企业在产品设计阶段就应全面考虑产品的使用寿命、能耗、环保性等问题，以此提高产品的绿色运行能力。企业还要重视产品的回收和再生，设立高效的回收系统，以实现产品的有效回收和再生，延长产品生命周期，减少环境污染。

全产业链的绿色化还需要新兴制造业采用绿色能源和绿色包装等策略。绿色能源，如风能、太阳能等可再生能源的使用，可以直接降低生产过程中的碳排放，这有利于环保。而绿色包装，如生物降解材料的使用，可以减少包装废弃物对环境的影响，提高产品的绿色化水平。这些都是实现制造业绿色化转型的重要措施，也是新兴制造业实现高起点绿色发展的关键路径。

（二）注重新兴领域的绿色发展

新兴领域如新材料、新能源、高端装备、生物产业等的绿色发展，是新兴制造业高起点绿色化发展的重要内容。

在新材料领域，绿色化的步伐表现在各个方面。例如，近净成形、快速成型、表面工程等绿色节材工艺技术的推广，具有明显的环保和资源节约效果。这些工艺技术旨在最大程度地减少材料消耗和废弃物产生，使生产过程更加环保，同时降低生产成本，提高经济效益。同时，高性能、轻量化的绿色新材料的研发，也是推动新材料领域绿色化的重要举措。这类新材料不仅具有优越的性能，同时在生产、使用、回收等环节的环保性能也往往更加突出，它们能够满足市场对环保、高效、高性能材料的需求。

在新能源领域，绿色发展的主要途径是开发和推广清洁能源，替代传统的化石能源。例如风能、太阳能、水能等清洁能源的开发和应用，不仅可以有效减少碳排放，也能提高能源利用效率，为可持续发展提供强大的动力源。

在新能源领域，绿色发展是一个迫切的要求，其最主要的途径就是大力发展和推广清洁能源，替代传统的化石能源。随着科技进步和社会需求的变化，风能、太阳能、水能等清洁能源日益显现出其巨大的潜力和优势。例如，风能是一种典型的清洁能源，其最大优点是可再生和零排放，不会产生温室气体或其他污染物。风能资源丰富，分布广泛，相关利用技术日趋成熟，已经在许多国家和地区得到广泛的商业应用。太阳能也是一种清洁能源，具有无穷的可再生性和极低的环境影响。太阳能技术包括光热和光电两种类型，使用时可以直接或间接地将太阳的光能转化为电能或热能。随着太阳能技术的进步，太阳能的转化效率正在不断提高，成本正在不断降低，使太阳能在许多领域都有了广泛的应用前景。

在高端装备和生物产业领域，引入和应用绿色生物工艺和绿色生物制品，可以减少环境污染，实现生物产业的绿色化。例如，绿色生物工艺如生物降解技术、生物制造技术等，可以有效降低生产过程中的污染和碳排放，提高资源利用效率；绿色生物制品如生物塑料、生物燃料等，可以替代传统的化石产品，减少碳排放，提升产品的环保性能。

（三）借助数字技术的支持

数字技术的快速发展和广泛应用，为新兴制造业的绿色化发展提供了强大的支持。尤其是物联网、大数据和人工智能这些前沿技术，它们不仅可以提高新兴制造业的生产效率和经济效益，还可以大大降低能源消耗和环境影响，实现制造业的可持续发展。

物联网技术是一种通过网络连接各种物理设备并进行信息交换的技

术，这使设备能够被远程监控和管理，从而提高设备运行的效率，减少能源消耗。例如，物联网可以通过实时监控制造设备的运行状态和能耗，及时发现设备的故障和异常，减少设备的停机时间和修理成本，同时能减少能源的浪费。此外，物联网还可以通过追踪产品的全生命周期，从原材料采购、生产、运输到消费、回收的所有环节，全面提高资源利用率，减少废弃物的产生。

大数据技术则可以通过收集、存储、处理和分析大量的数据，发现和利用数据之间的规律和关系，优化生产和运营过程，提高生产效率，减少资源消耗。比如，大数据可以通过对生产过程中的各种数据进行分析，如原材料消耗、能源使用、产品质量等，找出生产过程中的问题和瓶颈，及时进行调整和优化。大数据也可以通过对市场需求、消费者行为等外部数据的分析，预测市场趋势，制定合理的生产计划，避免过度生产和库存积压，从而减少资源的浪费。

人工智能技术则可以通过模拟和优化人的思维和行为，实现对复杂系统的智能化管理和控制，提高系统的运行效率，减少资源消耗。例如，人工智能可以通过自学习和自适应的算法，实现生产过程的自动化和智能化，提高生产效率，减少人工误差和资源浪费；还可以通过预测和优化能源使用，减少能源消耗。例如，人工智能可以通过学习和分析历史能源使用数据，预测未来的能源需求，自动调整设备的运行状态，从而实现最优的能源使用。

三、建立绿色标准体系

在面临气候变化挑战和环保压力的当下，实施绿色转型对制造业来说已成为不可逃避的责任。绿色制造以其环保、高效、低碳的特性，正逐步引领制造业的发展趋势。为此，建立一套完备的绿色标准体系，能对制造业的绿色低碳转型提供规范和保障，推动其节能和绿色发展。[①]

中国在此方面已经迈出了第一步，为深入贯彻"创新、协调、绿色、开放、共享"新发展理念，中华人民共和国工业和信息化部以及国家标准化管理委员会于2016年联合编制了《绿色制造标准体系建设指南》（工信部联节〔2016〕304号，简称《指南》）。《指南》明确到2020年，制定一批基础通用和关键核心标准，组织开展重点标准应用试点，基本形成绿色制造标准体系；到2025年，绿色制造标准在各行业普遍应用，形成较为完善的绿色制造标准体系。[②]通过加快重点领域，如绿色产品、绿色工厂、绿色企业、绿色园区、绿色供应链等的标准制定，国家可以创建重点标准试点示范项目，提升绿色制造标准的国际影响力，推动中国制造业的绿色转型升级。

绿色制造标准体系作为落实全面推行绿色制造战略任务和实施绿色制造标准化提升工程的综合标准化体系，它主要围绕目标导向性，由综合基础、绿色产品、绿色工厂、绿色企业、绿色园区、绿色供应链和绿色评价与服务七个子体系构成。绿色制造标准体系的构建，形成了绿色制造领域的标准化顶层设计，它不仅引领和融合了工业行业标准体系的结合建设，还推动了工业各行业按照套装体系进行标准制修订工作。

具体来看，绿色制造标准体系的各个子体系彼此互补，形成完整的逻辑链条：绿色产品是绿色工厂生产的结果，绿色工厂是绿色企业的制造单元，绿色工厂和绿色企业是绿色园区的组成部分，而贯穿这一切的绿色供应链，则是将产品、工厂、企业、园区紧密联系在一起的关键。而综合基础以及绿色评价与服务，为前述五个绿色制造重点内容提供支

---

① 李金华.中国绿色制造、智能制造发展现状与未来路径[J].经济与管理研究，2022，43（6）：3-12.

② 工业和信息化部，国家标准化管理委员会.两部门关于印发《绿色制造标准体系建设指南》的通知[EB/OL].（2016-9-15）[2023-05-30].https://www.miit.gov.cn/zwgk/zcwj/wjfb/zh/art/2020/art_8fb62ac0cd5a41d7a21f3f196ba540ef.html.

撑与服务。以下是对绿色制造标准化重点领域的介绍。

（一）绿色工厂标准化

工厂是制造业的生产单元，是绿色制造的实施主体，绿色工厂属于绿色制造体系的核心建设单元，侧重于生产过程的绿色化。绿色工厂标准化对象是实现用地集约化、原料无害化、生产洁净化、废物资源化、能源低碳化等特点的、具有实际生产过程的制造工厂。

绿色工厂的标准化主要涵盖了基础设施、管理体系、能源资源投入、产品、环境排放以及综合绩效等方面的综合性技术要求。绿色工厂的标准化旨在通过这些标准的制定、宣传和执行，激励制造业企业采取绿色建筑技术来改造工厂，预设可再生能源使用场所和设计负荷，合理布置工厂内的能源和物质流通路径，推广绿色设计和绿色采购，开发和生产绿色产品，采用先进的清洁生产工艺技术和高效的末端处理设备，淘汰过时的设备，建立资源回收和循环利用机制，优化能源使用结构等，以此实现工厂的绿色发展。

绿色工厂标准体系建设的总体目标是覆盖包括钢铁、有色、建材、机械、电子等重点行业，基本涵盖国民经济分类中工业门类的32个大类、139个中类、500个小类。为实现这一目标，企业可采用"通则—导则—评价要求"的三级建设策略。其中，"通则"定义了绿色工厂建设和评价的总体指标体系和通用要求，如《绿色工厂评价通则》（GB/T 36132—2018），这一标准在2018年5月已经正式发布；"导则"在"通则"的基础上，突出各行业绿色工厂创建、评价的特性。目前，电子、机械、钢铁、石化、合成氨、汽车、水泥、建筑玻璃、建筑陶瓷、纺织等12个重点行业的评价导则标准已经相继发布，而"评价要求"则在"行业导则"的基础上，为细分行业制定了详细的评价要求和具体指标的标准。

在这个过程中，各行业根据自身的需求，以行业标准和团体标准的方式推动标准化工作。这样的标准化工作不仅能帮助企业明确绿色转型的路径，提升绿色制造的水平，也通过具体的标准化实践，为中国的绿色制造发展提供了强有力的支撑。

（二）绿色设计产品标准化

绿色设计产品是实现供给侧结构性改革最直接和有效的方式，它集中体现了产品全生命周期的绿色化原则。绿色设计产品标准化的核心是制造业企业按照全生命周期的理念，在设计和开发阶段系统考虑每一个环节，包括原材料的选择、生产过程、销售途径、使用情况、产品回收和处理等环节对资源和环境的影响。绿色设计产品标准化的目标是实现能源资源消耗的最小化、生态环境影响的最小化和产品可再生率的最大化。在这个过程中，绿色设计产品围绕能源属性、资源属性、环境属性、品质属性以及生命周期评价，提出了一系列的综合性技术要求。

从实现的目标来看，绿色设计产品标准化的初衷是选择那些企业量大面广、与消费者紧密相关、对产业链下游影响大、条件成熟的产品为典型，研究制定一批各行业急需的标准。这样的标准不仅引导制造业企业应用轻量化、模块化、集成化、智能化等绿色设计共性技术，也鼓励他们采用高性能、轻量化、绿色环保的新材料，强化产品全生命周期评价，开发具有无害化、节能、环保、高可靠性、长寿命和易回收等特性的绿色设计产品。通过开展相关的合格评定和宣传推广，制造业企业可以扩大绿色设计产品的市场占有率。

就中国的绿色设计产品标准化建设进程来看，《生态设计产品评价通则》（GB/T 32161—2015）是现有绿色设计产品相关的顶层设计标准，它涵盖了资源属性指标、能源属性指标、环境属性指标、产品属性指标以及指标基准值的确定方法。基于《生态设计产品评价通则》（GB/T 32161—2015）形成的评价模型和指标体系，各行业都在具体组织开展绿色设计产品评价技术规范的研究和制定。

然而，尽管绿色设计产品评价标准已经具备了一定的基础，但总体来看，该评价标准还面临着标准数量偏少、覆盖度较窄、标准颗粒度欠均匀等难题，它尚未覆盖各行业主要工业产品的绿色设计及评价需求。因此，我国制造业需要进一步加强绿色设计产品标准体系的构建，提高标准的数量和质量，扩大标准的覆盖面，加强各行业间的合作，共同推动制造业的绿色化转型。

（三）绿色供应链标准化

绿色供应链是将绿色制造理念与供应链管理技术相结合的产物，它强调在供应链各节点上企业的协同合作以及核心领军企业的引领作用。标准化的绿色供应链推动着上下游企业共同提高资源的利用效率，改进环境绩效，以实现高效的资源利用和最小化的环境影响，以及全链企业的绿色化目标。绿色供应链标准化包含细化绿色供应链管理战略指标、绿色供应商管理指标、绿色生产指标、绿色回收指标、绿色信息平台建设指标、绿色信息披露指标等六个方面，以规定绿色供应链管理的综合性技术要求。

绿色供应链标准化的目标是研发一系列包含指南、物料清单要求、采购控制、信息平台、评价规范等在内的通用标准，并在机械、电子电器、汽车等具有行业特色的领域制定一批供应链管理和评价标准。这些标准能引导企业遵循产品全生命周期的理念，建立以资源节约和环保为导向的采购、生产、销售、回收和物流体系。这些标准也能强化供应链上下游企业间的协调与协作，它将充分发挥核心龙头企业的领导作用，确定可持续的绿色供应链管理战略，推动实施绿色的合作伙伴供应商管理，优先吸收环保绩效优良的合格供应商，采购绿色产品，加强绿色生产，建设绿色回收系统，构建供应链绿色信息管理平台，带动上下游企业实现绿色发展。

对于绿色供应链领域的标准，《绿色制造 制造企业绿色供应链管理导则》（GB/T 33635—2017）系列标准是现行的顶层设计，其中的信息化管理平台规范、供应链管理—评价规范、采购控制规范、物料清单要求规范、实施指南等系列内标准基本形成了供应链管理的通用技术文件。在这些通用标准的基础上，结合中华人民共和国工业和信息化部的《绿色供应链管理评价要求》，机械、家电、纺织、汽车、电子等供应链管理需求密集的行业相继研究制定绿色制造标准化白皮书（2021 年版）行业性绿色供应链管理及评价相关标准。

绿色供应链标准化是制造业绿色化转型实践路径中的关键环节。完善的绿色供应链标准体系可以引导和促进制造业企业实现绿色转型，推动全行业的绿色发展，实现供应链的绿色化，推动制造业的可持续发展。

（四）绿色工业园区标准化

绿色工业园区是一种集聚了生产企业和基础设施的平台，这些企业和设施都突出了绿色理念和要求，强调园区内各工厂之间的统筹管理和协同链接。绿色工业园区的标准化目标是建设具有布局集聚化、结构绿色化、链接生态化等特色的工业园区。构建完善的绿色工业园区标准体系可以引导和促进工业园区实现绿色化转型，推动全行业的绿色发展。

绿色工业园区标准化的内容应涵盖多个方面，它不仅包括园区的能源利用绿色化、资源利用绿色化、基础设施绿色化、产业绿色化、生态环境绿色化、运行管理绿色化等，还提出了这些方面的综合性技术要求。这些技术要求在实现园区整体绿色化的过程中起着至关重要的作用。

绿色工业园区标准化的目标是研制发布绿色工业园区评价通则，这些通则确定了绿色工业园区的指标体系和通用要求。在此基础上，该目标进一步在化工、石化、钢铁、有色、机械、轻工、纺织、汽车、电子等重点行业制定发布一批行业性绿色工业园区相关标准。这些标准引导了园区在规划、空间布局、产业链设计、能源利用、资源利用、基础设施、生态环境、运行管理等方面贯彻资源节约和环境友好的理念。它们推动了一批具有良好工业基础、完善基础设施、高绿色水平的园区，加强了土地的节约集约利用水平，推动了基础设施的共建共享。

在绿色工业园区领域，绿色工业园区评价通则是顶层设计的标准。这一标准的技术内容基于工业和信息化部发布的《绿色园区评价要求》而生成。该标准规定了工业园区绿色发展评价的指标体系和通用要求。目前，该标准已经通过工业和信息化部的评审，正在积极推动成为国家标准。最终将实现绿色工业园区"通则＋重点行业导则"的标准基本补齐。

第五章　服务型制造与制造业转型

当今时代，全球制造业正在经历一场从产品导向到服务导向的深刻变革。服务型制造已经成为推动制造业发展和转型的重要方式。服务型制造并不仅仅是提供产品，更是要提供满足客户需求的整体解决方案，包括预售咨询、定制设计、安装调试、售后服务等各个环节。这种以服务为主导、以产品为支持的新模式，要求企业对制造业有更深层次的理解。同时，服务化转型有助于制造业企业实现差异化竞争，提高经济效益，也有助于提升企业的社会责任感和环保意识。从服务化转型的角度出发，企业可以更好地理解制造业在全球经济中的重要作用和影响。在实践中，制造业企业可能会遇到许多挑战，如如何把握客户需求、如何提供高质量的服务、如何培养服务型人才等。只有找到合适的路径，企业才能成功实现制造业的服务化转型。因此，理解服务型制造的内涵与要素，探索制造业服务化转型的作用，以及明确制造业服务化转型的实践路径，对企业全面把握制造业转型的新趋势具有重要意义，这同时成为本章的主要研究内容。

第一节　服务型制造的内涵与要素

一、服务型制造的内涵

服务型制造是一种独特的经济活动模式，它不仅重视产品的生产与销售，还将服务纳入其业务范围，以提供全方位的价值创新。服务型制造的形成体现了经济发展从工业导向到以服务业为主导的转型过程，这种变化在制造业本身显现出的服务化特征尤为明显。在发达国家，这一趋势已经非常显著，而在工业化后期的中国，服务型制造业也正在快速崭露头角。这种转变并非简单的行业变迁，而是制造业开始越来越积极地提供多元化的服务。以云计算、大数据、物联网、移动互联网和人工智能等新一代信息技术为支持，制造业企业能够利用大数据分析和人工智能算法，为用户提供更为个性化的服务。

服务型制造是一个具有明显中国特色的概念，在国外，这种模式被称为服务化或产品服务系统。服务化，是制造业企业向提供"产品—服务包"的转变过程。这个"产品—服务包"包括物品、服务、支持、自我服务和知识等。相比之下，产品服务系统是一个包含产品、服务、网络、支持设施的系统。

服务型制造在中国的理解与这些概念有所不同。中国学者孙林岩等人定义，"服务型制造是为了实现制造价值链中各利益相关者的价值增值，通过产品和服务的融合、客户全程参与、企业相互提供生产性服务和服务性生产，实现分散化制造资源的整合和各自核心竞争力的高度协同，达到高效创新的一种制造模式"[1]。2016 年 7 月，中华人民共和国工

---

[1] 孙林岩，李刚，江志斌，等. 21 世纪的先进制造模式：服务型制造［J］. 中国机械工程，2007（19）：2307-2312.

业和信息化部、国家发展和改革委员会、中国工程院联合发布的《发展服务型制造专项行动指南》是中国服务型制造发展的指导性文件，该指南对服务型制造做出了定性的描述："制造业企业通过创新优化生产组织形式、运营管理方式和商业发展模式，不断增加服务要素在投入和产出中的比重，从而实现以加工组装为主向'制造＋服务'转型，从单纯出售产品向出售'产品＋服务'转变。"[①]

以上可以看出，虽然表述不同，但国内对服务型制造所指内容与服务化、产品服务系统并无本质区别。尽管有些微妙的差异，服务型制造、服务化、产品服务系统在本质上都是指制造业在提供产品的同时，还提供相关的服务，从而增加价值创新的可能性。不过"服务型制造"这一概念在中国的政策体系中更为常见。为了避免给人带来服务业是未来的发展方向，而制造业不再重要的误解，本书在描述制造业企业从产品制造向服务型制造转型时，偶尔也使用服务化这一说法。

对服务型制造的内涵理解，可以从两个角度思考：狭义的服务型制造和广义的服务型制造。

狭义的服务型制造，偏向从微观的角度去审视制造业企业的经营活动。制造业企业在设计、生产、销售产品的过程中，增加了以产品为基础的服务内容。例如，一家电脑制造商不仅销售电脑硬件，还提供软件安装、系统维护、数据恢复等服务。这种模式使制造业企业可以利用自身对产品的深入理解和专业知识，向用户提供更精准、个性化的服务，增强了与消费者的关系，提升了产品的市场竞争力。

然而，这种基于产品的增值服务并不一定必须由制造业企业提供。随着市场的发展和分工的细化，制造业企业的服务活动有可能剥离成为独立的企业。例如，电脑制造商可能会将数据恢复服务剥离出去，由专

---

① 工业和信息化部，国家发展和改革委员会，中国工程院.三部门关于印发《发展服务型制造专项行动指南》的通知[EB/OL].（2016-7-26）[2023-05-30].https://www.miit.gov.cn/zwgk/zcwj/wjfb/zh/art/2020/art_59c9e394c2dc4fbabe44c39640864342.html.

门的数据恢复公司提供。这种模式可以使服务提供更专业、更高效，同时也能让制造业企业更专注于自己的核心业务。

除此之外，随着市场容量的扩大和竞争的加剧，专业化的服务企业可能会进入市场，为用户提供与特定产品相关的服务。这些服务企业可能拥有制造业企业所不具备的技术、资源或者市场渠道，从而能够提供更高质量或更有创新性的服务。例如，一家专业的 IT 服务公司可能会提供针对多种电脑品牌和型号的硬件维修和软件升级服务，这种服务可能在质量和效率上超过电脑制造商自己的服务。

这种从宏观视角看待服务型制造的发展，可以称之为广义的服务型制造。它涵盖了整个经济体系中基于产品提供增值服务的所有活动，无论这些服务是由制造业企业提供，还是由专业的服务企业提供。从这个角度看，服务型制造实际上是社会分工的一种深化，也是制造业和服务业的一种深度融合。这种融合不仅能提高产品的价值，提升企业的竞争力，也能推动整个经济体系的服务化，推动经济的高质量发展。

无论是从狭义的服务型制造还是广义的服务型制造来看，服务型制造都是一种富有创新性、具有发展前景的经济活动模式。它代表了制造业和服务业的融合趋势，揭示了经济发展的深层逻辑，对人们理解和推动经济的发展具有重要的启示意义。

二、服务型制造的要素

服务型制造是当今全球制造业的一个重要发展趋势，它不仅融合了制造业和服务业的特点，而且在为客户提供附加值服务的过程中，实现了制造业企业的业务升级和价值创新。服务型制造的发展在很大程度上取决于制造业企业对其核心要素的理解和应用。这些核心要素包括制造业企业、面向用户的服务、基于产品的服务和增值服务，这些要素构成了服务型制造的核心框架。理解并妥善运用这些要素，可以帮助制造业企业在全球竞争中取得优势，同时也为企业和社会创造新的价值，如图

5-1 所示。

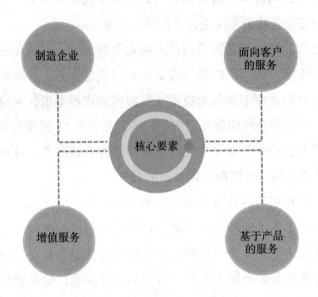

图 5-1　服务型制造的核心要素

（一）制造业企业

在探讨服务型制造的核心要素时，首先要强调的是制造业企业这一角色。制造业企业是服务型制造的主体。一方面，制造业企业对其产品有深入的理解和专业知识，可以为客户提供能够最大化产品价值的服务。例如，制造业企业对产品的设计、材料、生产工艺等都有深入的理解，这些知识使他们可以根据产品特性和市场需求，设计出有针对性的服务。另一方面，作为产品的制造者，制造业企业也是服务提供的主导者，他们可以根据市场需求和自身能力，提供从基础服务到高级服务的全方位服务，满足客户的多元化需求。

作为服务型制造的主体，制造业企业需要有能力去设计、开发和实施新的服务。这种创新能力的形成来自制造业企业对产品和市场的深入理解，也来自其对新技术、新工艺、新模式的掌握和应用。比如，现代信息技术的发展，如大数据、物联网等，为制造业企业提供了大量的数据支持和技术手段，使他们可以更好地理解市场需求，优化生产过程，提供更符合市场需求的服务。

其次，制造业企业在探讨服务型制造的核心要素时，还要注意到制造业企业在服务型制造中的组织能力。制造业企业需要有能力组织各种资源，以高效、高质量的方式提供服务。这包括对人力资源的管理，如服务团队的组织和培训；对物质资源的管理，如设备、原料等的采购和使用；对信息资源的管理，如市场信息、客户信息等的收集和分析。只有拥有强大的组织能力，制造业企业才能够有效地实施服务型制造，满足客户的需求，实现自身的价值创新。

最后，制造业企业在探讨服务型制造的核心要素时，要强调制造业企业在服务型制造中的战略角色。服务型制造是一种战略决策，它要求制造业企业有清晰的战略目标、长远的视野、灵活的战略部署。比如，制造业企业需要明确自己在市场中的定位，确定自己的服务范围和服务级别；需要了解市场变化，预测未来趋势，作出相应的战略调整；需要有能力应对市场的风险和挑战，如经济波动、竞争压力等。只有拥有战略视野，制造业企业才能够在服务型制造的道路上走得更远，实现更大的价值。

不过，由于服务型制造涉及客户需求的深入理解和满足，这需要制造业企业具备良好的客户服务能力和客户关系管理能力，同时，服务型制造也要求制造业企业能够跨越产品和服务的界限，创新商业模式和运营方式，这些对很多以生产为主的制造业企业来说是一种挑战。

（二）面向客户的服务

制造业企业提供服务的对象是客户。面向客户的服务是服务型制造的一个关键要素，它强调的是制造业企业不仅仅是产品的制造者，也是服务的提供者，从产品制造到服务提供，这体现了从产品导向到客户导向的转变。

面向客户的服务是一种以客户为中心的服务方式，这种服务方式要求制造业企业深入理解客户的需求和期望，提供与之匹配的服务。这种服务方式对制造业企业的产品设计、生产、销售、维护等环节都提出了新的要求。例如，制造业企业需要根据客户的需求设计产品，根据客户的使用习惯优化产品的功能，根据客户的反馈改进产品的性能。这种以客户为中心的服务方式可以提高客户的满意度，增强客户的忠诚度，从而提高企业的市场份额和盈利能力。

面向客户的服务在制造业中的重要性是随着市场竞争和消费者需求的增长而增强的。过去，制造业侧重于生产过程和产品质量，而与消费者的直接接触较少。然而，随着经济的全球化和市场竞争的加剧，制造业企业逐渐意识到，只提高产品质量是不够的，他们还需要提供优质的服务以区别于竞争对手。这就促使制造业企业开始从产品导向转变为服务导向，开始为客户提供更多的增值服务，如产品的维修和保养、客户培训、客户体验优化等。

在这种转变过程中，技术的进步起到了关键的推动作用。特别是信息技术的快速发展，使制造业企业能够更深入地了解客户的需求，更好地满足客户的个性化需求。通过大数据分析，制造业企业可以收集和分析客户的使用数据，了解客户的使用习惯，从而提供更符合客户需求的产品和服务。通过物联网技术，制造业企业可以追踪产品的使用情况，及时发现和解决问题，提高客户的满意度。

面向客户的服务也是制造业企业应对市场变化的一个有效策略。随着消费者对产品和服务期望的不断提高，制造业企业必须不断创新，提供更多元化、更高质量的服务才能在市场中获得竞争优势。而且，面向客户的服务也可以帮助制造业企业增强与客户的关系，提高客户的忠诚度，为企业创造更稳定的收入来源。

然而，面向客户的服务也带来了一些挑战。比如，如何在保证服务质量的同时，满足客户的多元化、个性化需求？如何在提供优质服务的同时，控制服务成本？如何在满足当前客户需求的同时，预测和引导未来的客户需求？这些都是制造业企业在实践面向客户的服务过程中需要解决的问题。一方面，为了满足客户的个性化需求，制造业企业可能需要进行大量的定制生产，这可能会增加生产成本和复杂性。另一方面，提供优质的服务需要制造业企业具备高效的服务体系，这可能需要制造业企业进行深度的组织和运营变革。

（三）基于产品的服务

基于产品的服务这一要素的出现是在制造业转型过程中产生的一个自然现象。这是因为制造业企业对其产品的了解远超过任何其他角色。这种深入的了解使制造业企业能够针对其产品设计出创新的服务，同时可以为客户提供产品的全生命周期管理。

在全球化的市场环境中，制造业企业不仅要与本地企业竞争，还要与全球的竞争对手竞争。这会使产品本身的竞争优势弱化，因为产品很容易被模仿，而且全球供应链使竞争对手能够快速获取并使用同样的生产技术和材料，生产出相似水准，甚至更具竞争力的产品。在这种环境下，制造业企业开始寻求新的竞争策略，而提供基于产品的服务就是其策略之一。因为基于产品的服务通常需要具备深入的产品知识和高超的技术能力，使产品难以被模仿，由此为制造业企业提供持久的竞争优势。

科技创新也为基于产品的服务提供了便利。尤其是在信息通信技术的推动下，制造业企业开始能够收集和分析大量的产品使用数据。这使他们可以深入了解用户的需求和习惯，从而设计出更符合用户需求的服务。例如，通过大数据分析，制造业企业可以预测产品的维修需求，从而提前安排维修服务，提高服务效率；通过物联网技术，制造业企业可以远程监控产品的使用情况，及时发现和解决问题，提高用户满意度。

在提供基于产品的服务过程中，制造业企业还需要考虑如何将服务整合到产品的生命周期中。这需要制造业企业在产品设计、生产、销售等各个阶段都考虑服务的需求。另外，与产品质量不同的是，服务质量往往难以量化，因此需要制造业企业建立一套有效的服务质量管理体系。

（四）增值服务

增值服务是指制造业企业提供的超出常规服务范围的服务，这些服务通常能够为用户带来额外的价值，并为企业带来额外的收益。增值服务的提供依赖于制造业企业对其产品和市场的深入理解。这种理解使制造业企业能够设计出创新的服务，同时有助于制造业企业为客户提供产品的全生命周期管理。

在经济全球化的大背景下，制造业竞争越来越激烈，制造业企业面临着同质化竞争的压力，这种环境催生了增值服务。为了从众多的制造业企业中脱颖而出，企业必须提供独特的、能为用户带来附加价值的服务，这正是增值服务的本质所在。许多制造业企业的增值服务源于其对全球市场深入的理解和独到的见解，他们根据不同地区的消费者习惯、需求和预期，设计出各种各样的增值服务，以提升产品的吸引力和差异化优势。例如，一些手机制造商就提供了云存储服务，提供这项服务的目的不仅仅是增加收入，更重要的是通过提供这种与产品紧密相关的增值服务，提升用户对其产品的黏性和满意度。

现代信息技术，如大数据、云计算、物联网等，为制造业企业提供了前所未有的服务创新机会。利用这些技术，制造业企业可以收集和分析大量用户数据，从而深入了解用户的需求和行为，设计出更符合用户需求的增值服务。例如，某些汽车制造商利用车载传感器和互联网技术收集车辆使用数据，基于这些数据，他们提供了预测性维护服务，这种服务可以在车辆出现问题前就对其进行维护，提高了用户的使用体验。

随着环保意识的增强和社会责任感的提升，越来越多的制造业企业开始在增值服务中融入环保和社会责任的元素。这些企业通过提供节能、减排、回收再利用等增值服务，满足消费者的环保需求，同时展现企业的社会责任。例如，一些家电制造商提供了旧设备回收服务，消费者在购买新设备时，可以将旧设备交给制造商回收，制造商会对旧设备进行合理处理，这既节省了用户处理旧设备的麻烦，又减少了环境污染。

因此，增值服务是制造业企业在全球化、科技进步、环保和社会责任等多重因素推动下产生的一种新的业务，也是服务型制造的核心要素之一。这种模式不仅有助于企业在激烈的竞争中脱颖而出，也帮助企业更好地满足用户的需求，实现持续发展。

第二节　制造业服务化转型的作用

在消费需求日益多样化、个性化的今天，服务化成为制造业转型升级的路径之一。[①] 服务型制造的发展在微观层面上，是制造业企业对客户日益增长的个性化和服务化需求的响应，也是制造业企业寻求新的成长机会和利润增长点的必然路径。在宏观和产业视角下，服务型制造的重要性不言而喻。根据 2016 年工业和信息化部、国家发展改革委、中国工程院共同发布的《发展服务型制造专项行动指南》，服务型制造的发展对提升产业的竞争力、驱动制造业由大规模向优质转变而言是至关重要的，这是符合新一轮科技革命和产业变革的主动选择，也是改善供给体系，满足消费结构升级的关键手段。

服务型制造是内外部多因素如产品、技术、用户需求、企业战略等相互作用的产物，对处理新时期中国制造业面临的各种难题作用很大。考虑到中国当前制造业的发展阶段以及国内外环境，服务型制造的发展对制造业的重要性主要体现在塑造新的竞争优势、推动制造业绿色发

---

① 杨蕙馨，孙孟子，杨振一．中国制造业服务化转型升级路径研究与展望 [J]．经济与管理评论，2020，36（1）：58-68．

展、提升全要素生产力以及帮助应对国际贸易摩擦这四个方面，如图 5-2 所示。

服务型制造

图 5-2　制造业服务化转型的作用

一、塑造新的竞争优势

在当今全球化的背景下，制造业的竞争不再仅仅停留在产品层面，而是扩展到了服务的领域。服务型制造业以其独特的优势，为制造业提供了一种全新的视角和方法，将企业的视角从传统的产品生产转向服务提供，将消费者从单纯的产品消费者转变为服务的参与者，从而实现了企业价值与用户价值的更深层次融合，为企业打造出了新的竞争力。

自改革开放以来，得益于劳动力资源的丰富以及相对较低的人工成本，中国迅速成为全球重要的加工制造基地。然而，随着经济的持续发展，人口红利的逐步消失，房价的快速上涨，以及环保要求的提高等，使中国的制造业面临着诸多挑战。其中，劳动力成本的上升尤其显著，这使传统的低成本优势逐渐削弱。更为重要的是，中国制造业还需要应对来自发达国家制造业复兴，以及发展中国家努力发展劳动密集型产业的双重挤压。在这样的背景下，中国制造业竞争优势的形成正在从原来的价格优势、规模优势，转变为创新型制造优势。

在过去，制造业的竞争优势主要体现在产品的质量、价格和生产效率上，而服务型制造业则将这一竞争焦点转向了服务的质量、效率和创新性。对用户来说，他们更加关心的不再仅仅是产品的功能和价格，而是整体的使用体验，包括产品的性能、售后服务、定制服务等多个方面，而这正是服务型制造业的强项。

这种转变对于企业来说，意味着更大的竞争压力，但这也带来了更大的发展机会。制造业企业只有将服务与产品有效结合，实现服务的创新，才能在激烈的市场竞争中立于不败之地。这就需要企业拥有强大的研发设计能力、先进的制造技术，以及丰富的服务经验和知识。在这个转变过程中，服务型制造发挥了不可或缺的作用。服务型制造是制造业企业在其研发设计和加工制造能力的基础上，向服务领域进行延伸的结果，它具有较高的知识含量和技术创新要求，能够为制造业企业塑造新的竞争优势。

例如，泉州等地的服装产业集聚区通过发展服务型制造促进了传统劳动密集型产业的转型升级。近年来，泉州在服务型制造领域的发展引人注目，这座位于中国东南沿海的历史文化名城的发展充分体现了制造业和服务业深度融合的新趋势，也揭示了服务型制造在塑造制造业新优势方面的重要作用。

在过去的几十年中，泉州的服装产业经历了从初级的制造业向高级的服务型制造业转型的过程。而这一转型的关键在于，泉州成功地将创新和服务融入了传统的制造业之中，使得服装制造业不仅在生产方面具有优势，而且在设计、销售、售后等服务环节也具有了竞争力。

首先，泉州通过引导企业建立工业设计中心，提升了制造业的设计能力。泉州地区连续多年举办的"海峡杯"工业设计大赛，以及大量的行业设计大赛和海峡两岸大学生工作坊，都大大推动了设计成果的转化，使泉州的服装产品在设计上具有了独特的优势。

其次，泉州通过推动仓配一体化建设，提升了物流服务的效率。例如，某踏体育通过建设智能仓配一体化项目，形成了中央仓直配全国门店、电商前置仓等多种形式相结合的物流模式，这大幅提升了客户体验度和服务效率。

再次，泉州通过培育供应链服务平台，提升了供应链管理的效率。例如，某球鞋网、一某嘉、某合云创等服务于生产制造的供应链服务平台，提升了制造业企业供应链响应速度，使泉州的服装产业在供应链管理上具有了明显的优势。

最后，泉州的服务型制造还通过推动传统制造业的升级，帮助企业走上服务化的道路。例如，某和新材料股份有限公司，通过生产制造与服务的创新融合，实现了从卖涂料向卖涂装的转型，利润效益实现双丰收。再如，某工机械股份是一家专注于制砖机械制造的企业，它通过提供24小时"智能装备云服务平台"的整体解决方案，提高了企业的产量、成品率，降低了能耗、装备故障率，延长了装备寿命。

泉州服装产业集聚区的服务型制造发展案例，充分体现了服务型制造在塑造制造业新优势方面的重要作用。引导企业向服务型制造转型，不仅提升了泉州本地制造业的整体竞争力，也推动了泉州经济的持续稳定发展。而泉州的成功经验也为其他地区制造业的转型升级提供了宝贵经验。

二、推动制造业绿色发展

制造业作为国家经济的基石，一直以来都被视为能源和资源的主要消耗者。这种消耗不仅在国内造成资源紧缺，还由于国内资源品种有限、储量有限，很多企业不得不从国外大量进口。此外，传统制造业也是环境污染的主要源头之一，如其造成的大量废水排放、废气排放，甚至废物堆积等，对环境造成了巨大压力。在此背景下，服务型制造为制造业转型升级打开了一扇新的窗口，它以更环保的方式推动了制造业的发展，为制造业的绿色转型提供了新的可能性。

服务型制造的核心理念在于以服务为导向，以提供更高附加值的服务为目标，实现制造业与服务业的有机结合。这种模式不仅提升了制造业的竞争力，更为重要的是，它还帮助企业降低了资源和能源的消耗，减少了环境污染。在服务型制造的运营模式下，企业更加注重通过技术创新、工艺优化等手段提高生产效率，进而提升资源和能源的使用效率，实现绿色制造。在这个过程中，服务型制造能够引导企业更加注重产品的设计和制造，更加重视提供高质量的服务，而不是仅仅关注产品的生产和销售。

以某集团为例，该集团成立于 1968 年，是一家拥有 50 余年创新发展历程的分布式能源领域系统解决方案商和系统服务商。该集团节能环保产品和智慧绿色系统解决方案及系统服务广泛应用于石油、化工、能源、冶金、空分等国民经济重要支柱产业领域。

作为重要的工业制造业企业，该集团一直致力于使用科技创新和服务型制造理念帮助用户实现节能降耗和绿色发展。其最新推出的"1+7"智慧绿色系统方案和"5+3+C"能效优化分析法，准确解读了市场和客户需求，打造出了一个具有竞争优势的产品和服务组合。

在"1+7"智慧绿色系统方案中，"1"代表了整体规划，即对项目进行全局的优化规划，包括机组系统的再制造以及工况范围的拓宽等，确保机组系统始终处于高效区。而"7"则代表了七个关键环节，包括压缩机逐级冷却工艺气体等，这些关键环节的优化处理大幅降低了功耗，进一步提高了系统能效。

同时，该集团的"5+3+C"能效优化分析法，进一步提升了系统的运行效率，帮助客户实现供电煤耗的降低、供电效率的提升以及成本的节约，实现了真正的节能降耗和绿色发展。

在当今世界，面临着环境保护和气候变化等重大挑战，制造业需要转变，还需要寻求更绿色、更环保的可持续发展方式。该集团的案例显示，服务型制造有助于推动制造的绿色发展。该集团以客户需求为中心，运用科技创新和数据分析，帮助企业提高能效，降低碳排放，从而实现环保和经济效益的双重提升。

除此之外，服务型制造业的个性化定制模式也有利于减少产品在生产和销售中的浪费。传统的制造业模式往往基于规模经济，需要大量生产以降低单位产品的生产成本，但这种生产方式往往会导致大量的产品积压，无法及时售出，从而造成资源的严重浪费。而在服务型制造模式下，企业可以根据客户的具体需求进行个性化生产，减少产品积压，降低资源浪费。同时，这种模式还能帮助企业更好地满足客户的需求，提高客户的满意度，增强企业的竞争力。

最后，服务型制造的在线监测、全生命周期管理等模式也为制造业的绿色发展提供了有力支持。在线监测可以帮助企业实时了解生产过程中的问题，及时进行调整和优化，提高资源和能源的使用效率。这一模式可以有效地降低资源浪费，减少对环境的影响，是绿色制造的重要手段。例如，通过在线监测，企业可以掌握机器设备的运行状态，了解设备的能耗，如果发现设备存在过高的能耗，企业就可以立即调整优化，或者进行必要的维修，提高设备的运行效率，降低能源消耗。全生命周期管理模式则为企业提供了一个全面了解产品使用情况，提供有效的维修和回收服务的机会，延长产品的使用寿命，减少产品的废弃，从而降低环境污染。例如，一个产品从生产、销售、使用、维护，到最后的报废和回收，都需要相应的管理和服务，如果没有有效的全生命周期管理，那么产品就可能过早报废，导致资源的浪费。而服务型制造业通过全生命周期管理，可以有效地解决这个问题，延长产品的使用寿命，降低资源浪费。

服务型制造也鼓励企业进行长期投入和研发，使其在产品生命周期中考虑到环保因素，包括材料的选择、制造过程的优化、产品的回收再利用等，这种全生命周期的思考方式有助于企业实现真正的绿色发展。

三、提升全要素生产力

服务型制造业的崛起与发展，已在很大程度上改变了经济结构，并给制造业注入了新的活力。服务型制造不仅赋予了制造业新的竞争优势，而且在提升全要素生产力方面起到了关键作用。

全要素生产力是指制造业在所有生产要素投入量不变的情况下，产出量的增长率，它是衡量一个国家或地区在生产过程中所有生产要素投入效率的综合指标。这些生产要素通常包括劳动力、资本和技术等。除了这些基本生产要素外，全要素生产力还可能受到其他因素的影响，如政策环境、市场环境、自然环境等。因此，提升全要素生产力需要企业从多方面进行考虑和努力。

在全球经济环境日益变化的背景下，企业需要不断提高其全要素生产力以保持其竞争优势。制造业服务化转型通过将制造业与服务业紧密结合，让制造业从单一的生产模式，转变为更加复杂的服务—制造混合模式，并在原有的制造业基础上，整合和利用更多的服务资源，从而提高生产效率，提升全要素生产力。

在劳动力生产率提升方面，服务型制造要求工作人员具备更多的专业知识和技能，从而在更高层次、更深度上满足客户需求。这种转型能使劳动力的素质得到提升，其工作效率和质量也会相应提高，进而提升劳动力生产率。

在资本使用效率提升方面，服务型制造业企业能更好地通过技术平台对生产过程进行优化管理，如对生产设备进行实时监控，以减少设备故障和停机时间，提高设备使用效率。此外，通过对产品进行全生命周期管理，企业可以更好地预测和管理产品的需求，减少库存，降低资金占用量，进而提高资本使用效率。

在技术进步方面，服务型制造注重技术和服务的结合，因此，制造业企业在技术进步方面有更大的潜力。企业可以通过新技术来提供更高质量的服务，如通过大数据、云计算等技术来提供更精准的定制服务，或通过物联网、人工智能等技术来提供更智能的产品和服务。这些新技术不仅能提高企业的生产效率，也能创造出更多的价值，从而增强企业的全要素生产力。

在组织效率提升方面，服务型制造通常需要更紧密的内部协调和外部合作，这就要求企业改进组织结构和管理方式，提高组织效率。例如，企业可能需要更好地协调研发、生产、销售等部门的工作，以确保快速响应客户需求；企业也可能需要与供应商、分销商等外部合作伙伴建立更紧密的合作关系，以提高供应链效率。这种组织效率的提升，也能提升全要素生产力。

除此之外，制造业服务化转型也是经济结构优化升级的重要手段。随着经济社会的发展，人们的生活需求越来越多元化，对产品的需求也越来越个性化。服务型制造可以通过个性化定制、智能化生产等方式，满足消费者的个性化需求，提高产品的市场竞争力。这不仅有助于提升企业的经济效益，也有助于提升全要素生产力。

四、帮助应对国际贸易摩擦

在全球化经济的背景下，国际贸易成为各国经济发展的重要动力。然而，在实际的贸易过程中，各国的经济政策、市场环境、技术水平、劳动力成本等差异，往往会导致国际贸易的不平衡。这种不平衡可能会引发国际贸易摩擦。

国际贸易摩擦指的是在国际贸易中，参与国际贸易的各方因贸易政策、贸易方式、贸易制度等问题产生的经济冲突和矛盾。这种摩擦可通过各种方式表现出来，如对产品进行反倾销调查，设置技术或卫生壁垒，限制产品的市场准入等。例如，一些国家在维护本国产业利益的同时，会通过提高关税、设立贸易壁垒等方式，限制来自其他国家的商品进入本国市场。这种行为不仅影响了其他国家的出口，也限制了其经济发展。

然而，过度的保护主义和贸易壁垒不仅可能引发更严重的贸易摩擦，也会对全球贸易体系产生负面影响。这可能导致全球贸易量的下降，影响全球经济的健康发展。因此，处理和解决国际贸易摩擦，已经成为全球经济治理的重要议题。为此，世界贸易组织正致力于通过贸易谈判、争端解决机制等方式，降低贸易摩擦，促进国际贸易的顺利进行。

制造业服务化转型实质上是制造业和服务业的深度融合，这为制造业企业应对国际贸易摩擦提供了一定的帮助。在制造业服务化转型过程中，制造业从单纯的生产制造转向提供高价值服务，如设计、研发、维修、升级、培训等，这种服务化的转变实质上增加了产品的附加值。例如，汽车制造商除了生产汽车，还可能提供汽车金融、保养维修、二手车交易等一系列服务。这种模式可以提高产品的出口竞争力，增加出口收入，有助于缩小贸易逆差。同时，因为服务往往不易受到关税影响，因此，服务化转型也帮助企业在一定程度上规避贸易壁垒，减少贸易摩擦。

不过，制造业服务化转型的实质并不仅仅在于提供附加服务，更重要的是其对企业运营模式的改变。在这一过程中，制造业企业需要对其供应链进行优化管理，提高生产效率，降低生产成本。这不仅可以提升产品的核心竞争力，也可以帮助企业在面临贸易摩擦等外部压力时，更快地调整生产策略，减轻贸易摩擦的影响。例如，制造业企业可以通过建立更加灵活的生产线，实现多样化生产，以应对市场需求的变化。制造业企业也可以通过建立更加精细化的物流体系，提高物流效率，减少物流成本。

除此之外，制造业服务化转型也可以推动技术进步，提升产品质量。在服务型制造的推动下，很多制造业企业开始采用大数据、云计算、物联网等新技术，实现生产过程的智能化、自动化。例如，工业 4.0 就是制造业企业在大数据、云计算、物联网等新技术的支持下实现智能化生产。这种生产方式不仅可以提高生产效率，也可以通过对大数据的深度挖掘和应用，帮助企业更好地理解市场需求，提升产品的设计和功能，从而增强产品的核心竞争力。例如，在汽车制造业中，通过大数据技术的应用，企业可以根据消费者的驾驶习惯、购车预算、功能需求等因素，定制出更符合消费者需求的产品。这样的个性化定制服务，不仅提高了产品的附加值，也提升了其在国际市场中的竞争力。

制造业服务化转型，还为企业在全球范围内布局提供了更高的可能性。例如，企业可以通过建立全球研发网络，集合全球优质资源，推动技术进步，提升产品质量。通过全球服务网络，企业可以向全球客户提供高质量的售后服务，增加产品的附加值，提高其在国际市场中的竞争力。这种全球化的布局，不仅可以增加企业的市场份额，也可以在一定程度上分散贸易摩擦的风险。

更重要的是，通过制造业服务化转型，企业可以塑造影响力更大的品牌。因为在服务型制造的模式下，企业不再仅仅是产品的制造者，而是成了提供全方位服务的解决方案提供者。这样的角色转变，可以帮助企业与客户建立更紧密的关系，提升品牌的影响力。比如某果公司不仅提供硬件产品，如 iPhone、iPad 等，还提供一系列的服务，如 iCloud、Apple Music、App Store 等。这些服务使某果公司与客户之间建立起了更为紧密的关系，提升了该公司的品牌影响力。

第三节　制造业服务化转型实践路径

以美国、日本、德国为代表的发达国家在实现工业化过程中，无一例外地经历了从轻工业到重工业、到高加工工业、再到制造业服务业的产业结构转型升级过程。纵观这些国家大型制造业企业向服务化转型的方式，主要有以下实践路径，如图 5-3 所示。

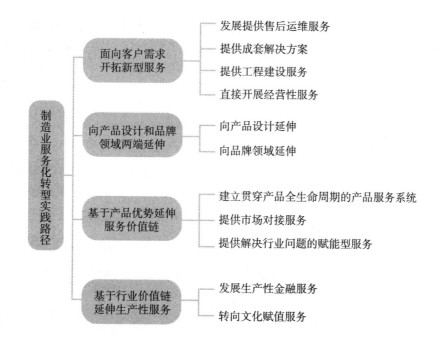

图 5-3　制造业服务化转型实践路径

一、面向客户需求开拓新型服务

随着全球经济的深度发展和市场环境的日益变化，制造业企业正面临着客户需求日益多元化和个性化，以及竞争压力的持续加大带来的挑战。在这种情况下，传统的以产品为中心的经营模式已经无法满足当前市场的需求。制造业企业必须根据市场的动态变化和客户需求的不断演变，进行服务化转型，实施按需供给的服务专项计划。这意味着制造业企业不再单纯地依靠产品来获取利润，而是需要根据客户的需求提供服务，用服务来实现自身模式的全面升级。制造业企业需要将满足客户需求放在首位，将产品和服务视为满足客户需求的工具，而非单纯追求产品价值的最大化。

为了实现这一转型，制造业企业需要整合自身的各项技术力量，包括制造能力、销售服务能力等，将自身的业务定位从产品制造转移到服务定制。这是制造业服务化转型的实践路径，也是面向客户需求开拓新型服务的主要路径。

（一）发展提供售后运维服务

在当前的市场环境下，制造业企业越来越明白，优质的产品只是赢得客户的开始，只有良好的售后运维服务才能确保客户的持久忠诚度。在制造业服务化转型实践路径中，发展提供售后运维服务是一种高效的策略。借助制造业企业对自身产品的深入理解和专业技术，制造业企业将服务范围扩展至产品的全生命周期，向客户提供持续、深度的服务。这种服务模式不仅提升了制造业企业自身的价值，也增强了客户的满意度和忠诚度，还有力推动了制造业的服务化转型。

这一路径的关键体现在对产品生命周期的深度理解与管理上。产品的生命周期各异，一些耐用的大型设备产品通常具有较长的使用期限。如果这些产品经过定期的保养和维护，则有望长期保持其主要的使用功能。

而深谙产品的制造业企业，凭借对产品的深入了解和专业技术，正越来越多地将视野转向产品的维护和保养环节。他们以熟悉的产品为依托，将服务的矩阵拓展至售后的每一个角落，真正做到在产品的全生命周期内为客户提供持续服务。这是一种深度服务的理念，制造业企业不仅在产品销售时和客户建立联系，还在产品的使用过程中持续为客户提供价值。

这样的服务转型策略带来的，不仅是制造业企业自身价值的提升，更重要的是提高了客户的满意度和忠诚度。客户得到的不再只是一款产品，而是一套完整的解决方案，这包括购买、使用以及维护的全过程。当客户在使用产品的过程中遇到问题时，制造业企业能够及时地提供专业的技术支持和服务，这无疑会提升客户的使用体验，进而提高他们对制造业企业和产品的信任和忠诚。

就设备售后运维服务来说，设备售后运维服务的品质就是衡量工业制造业企业的重要维度，它不仅直接影响客户的满意度和复购率，也在一定程度上影响企业的品牌口碑。维权意识的提高和消费观念的转变使客户对设备的要求不再局限于设备产品本身，而是更加注重设备的售后服务，尤其在设备质量与性能相似的情况下，优质高效的售后服务往往会成为消费者选择设备制造商的重要因素。

高效全面的设备售后运维服务保障措施，使设备制造业企业在激烈的市场竞争中脱颖而出。其具体的措施包括在购买试用设备前，企业为工程技术人员准备操作与维修保养手册，使其能预先对有关设备装置提前了解和学习，熟悉设备的各个操作环节。此外，企业可提供完整全面的保修技术说明和维修保养操作手册，其内容涵盖设备使用说明、设备技术说明以及设备维修保养等方面的内容，这为设备的正常使用和维护提供了全面保障。

在这个过程中，设备制造商可以采用运维保售后运维 SaaS 软件提升售后运维服务的效率和客户的满意度，同时也将售后团队从成本支出部门转变为直接产生收入的部门。该软件可以实时监控设备运行的情况，合理调度人员和物料，它还可以实时了解区域工程师维修情况，减少故障停机时间，提升客户服务效率，实现二次营销。

（二）提供成套解决方案

企业为用户提供全套解决方案，全面满足客户的需求，能为制造业企业带来更高的价值和收益，这一方法自然成为制造业服务化转型的路径之一。这种路径的实施，首先源于对用户需求的深度理解。用户对于产品的需求并不仅仅是购买一个实物产品，他们所期待的，更是一个完整的使用体验。因此，用户需求的满足，已然超越了单一产品的边界，进入了一种更为广泛的领域，包括与产品相关联的一系列配套产品和服务。

当这样的需求变得日益明显时，一些制造业企业洞察到了机遇，开始从单纯的产品销售，转变为提供全套的解决方案。他们依托自身制造的关键产品和核心专业技术，为客户提供了一体化系统解决方案的服务。这种服务，包括从方案设计、方案实施，到项目运营和绩效评估的全过程。这样的服务形式，无疑能够更全面地满足客户的需求，更有效地帮助他们解决实际问题。

在这个过程中，制造业企业的价值也得到了提升。他们能够通过提供全套解决方案，更好地满足客户的需求，提升客户的满意度和忠诚度。同时，这种服务形式也能够带来更高的收益，成为制造业企业新的增长点和利润来源。

以江苏省某公司为例，自2010年成立以来，该公司一直致力于高端装备制造业的创新与发展，它是所在江苏省先进制造业集群高端装备——新能源领域的重要企业。公司业务包括机械设计、电气研制、软件开发、精密制造等。

为了响应新时代的企业发展趋势，该公司深入推进服务型制造，致力于实现"产品＋服务"的商业模式，使制造业与服务业的融合更加深入。该公司以客户需求为导向，该公司采用总集成总承包的方式，为客户提供全方位定制化的整线服务解决方案。这种模式包括采集客户需求，整合上下游生产装备，提供核心技术装备，提供相应的售前技术咨询、安装工程、售后服务和操作培训等环节，它使企业能够提供从设备销售到全面售后服务的一站式服务。

此外，该公司还利用数字化、信息化技术，自主研发了迈为光伏电池片生产线中控系统，为客户提供集数据采集、MES、统计分析为一体的综合系统解决方案。该方案以生产过程的各类数字信号为基础，通过数据采集、基本制程管理、产品追溯、设备检测、生产统计、工艺分析等功能，提高设备的产能，降低破片率，减少设备投资，降低生产成本。

开展服务型制造的实践，不仅为该公司带来了显著的经济效益，实现了营业收入连续四年的高速增长，而且帮助公司获得了显著的社会效益。该公司坚持制造业服务化转型，以价值链延伸与再造为重点，带动全产业链技术的突破和完善，为推动光伏技术进步提供了强有力的支撑。

该公司的实践经验表明，在制造业服务化转型的路径中，面向客户需求，提供成套解决方案是非常重要的一环。只有真正理解并满足客户需求为其提供优质的服务，才能赢得客户的信任和支持，从而在激烈的市场竞争中脱颖而出。

（三）提供工程建设服务

深入理解制造业服务化转型的实践路径，便会发现提供工程建设服务在其中占据了重要地位。这种方式通过对接制造业企业自身的核心产品和专业技术，有效地实现了制造业向服务化的过渡，提升了制造业企业的竞争实力，并且促进了客户满意度的提升。

通过不断完善和优化服务内容、提升服务质量，以及根据市场的需求和变化，灵活调整自身的服务策略，制造业企业不仅可以增加自身的收益，也可以提升自身的品牌影响力，提升客户的忠诚度，从而有机会在激烈的市场竞争中脱颖而出，实现自身的长期发展。因此，对于制造业制造业企业而言，认识到提供工程建设服务在服务化转型中的重要性，将有助于制造业企业更好地把握市场机遇，走出一条符合自身发展特点的服务化转型道路。

在这一过程中，制造业企业将利用自身的核心产品和专业技术为客户提供从勘探、设计、建造施工到监理，以及建设—移交（BT）、建设—运营—移交（BOT）、建设—拥有—运营（BOO）、交钥匙工程（EPC）等多种形式的工程总承包的工程建设拓展型服务。这种一站式的服务不仅大大简化了客户的工作流程，也保证了项目的高效实施。

（四）直接开展经营性服务

随着制造业服务化转型的深入推进，企业直接开展经营性服务的重要性将越来越显现。借助于核心产品和专业技术，制造业企业能够直接为终端需求提供经营性的延伸服务，或以自身制造的产品为主直接提供经营性的拓展型服务。这种服务模式不仅强化了产品的使用效果，还为制造业企业创造了新的增长点和利润来源。

经营性服务主要包括示范、延伸产品应用场景的经营性服务，开发创造产品新的应用场景的经营性服务，产品应用集约化、规模化和专业化的经营性服务等。示范性服务，是将产品或技术的应用示范给用户看，从而引导客户的需求，扩大产品的应用范围的服务。延伸产品应用场景的经营性服务，指的是企业在原有的产品功能基础上，探索和开发出新的应用场景，进一步增强产品的价值的服务。

开发创造产品新的应用场景的经营性服务，是企业在充分了解客户需求的基础上，创新开发适应新应用场景的产品，为用户提供更贴心、更专业的服务。这种服务模式的实现，需要制造业企业拥有强大的研发能力和敏锐的市场洞察力，由此，制造业企业才能不断创新，满足市场的变化需求。同时，产品应用集约化、规模化和专业化的经营性服务，也为制造业企业带来了更大的发展空间。通过集约化和规模化的运营，制造业企业能够提高效率，降低成本，从而增强自身的竞争优势。

二、向产品设计和品牌领域两端延伸

在制造业服务化转型的实践路径中，制造业企业向产品设计和品牌领域两端延伸已成为一种趋势。研发、设计环节相对于后端环节，附加值更高，风险也更大。制造业企业选择此路径，可以更好地满足消费者的多元化、个性化需求，同时也可以提升自身的品牌形象和市场竞争力。

（一）向产品设计延伸

在现代社会，消费者的需求更为多元化和个性化，而这种需求也使产品设计更趋向于满足个性化的需求。产品性能、样式、体积等因素需要企业围绕消费者需求进行定制化设计。这样的设计不仅提升了产品的质量和功能，也让消费者在使用产品的过程中，需求能被更好地满足，从而增强他们对产品的认同感和满意度。

在实践方面，信息技术的引入，使客户可以参与产品的设计和制造过程。制造业企业可以通过构建信息平台，让客户对产品生产过程进行广泛的参与，从而使最终的产品能够体现客户的多元化需求。在这个过程中，客户不仅是产品的消费者，也成了产品的合作者，他们的价值被融入产品中。这样的做法有利于提升产品的竞争力，也有利于制造业企业和客户之间建立长期、稳定的合作关系。

基于共享平台和信息技术延伸出来的服务是另一个向产品设计端延伸的方式。首先，制造平台共享或制造网络服务充分利用了制造业企业的制造基础。制造业企业可以向同行制造业企业，特别是中小制造业企业，开放数字智能制造平台或制造网络，提供与制造过程相关的赋能型服务。这样的做法有利于推动整个行业的发展，也有利于制造业企业获取新的发展机遇。

其次，制造业企业可以充分利用自身的供应链基础，向同行制造业企业开放供应链，提供与协同、精益、绿色、智慧制造供应链相关的共享型服务。这样的做法有利于提高供应链的效率，也有利于制造业企业获取新的发展机会。

最后，制造业企业还可以利用自己的数字制造系统、智能制造系统为客户提供与数字化、智能化开发、经营或管理相关的赋能型服务。这种服务方式有利于提高制造业企业的竞争力，也有利于推动整个制造业的发展。

（二）向品牌领域延伸

制造业服务化转型实践路径的延伸至品牌领域是一个战略性路径。这一路径源于对制造业市场竞争环境的深度理解和对制造业企业自身发展的前瞻性规划。品牌不仅是制造业企业的标志，更是其文化、价值观、使命和愿景的体现。通过深化品牌战略，制造业企业能在竞争激烈的市场中独树一帜，赢得消费者的认可，从而增强市场影响力和经济效益。

品牌是制造业企业信誉的象征，它不仅赋予产品以超越物质属性的附加值，还为消费者提供一种信任感和归属感。因此，延伸至品牌领域有助于提升制造业企业的市场份额和利润率。而品牌的建立和塑造则需要制造业企业在市场定位、产品研发、服务质量、社会责任等方面下足功夫。

向品牌领域延伸，需要制造业企业在多个方面进行努力。这既包括提升产品的质量和技术含量，也包括提升服务的质量和效率，还包括积极履行社会责任，展示制造业企业的社会价值。这样，制造业企业才能建立起强大的品牌，提升市场影响力，实现长期发展。

制造业企业应明确其市场定位。这一点决定了品牌的性质和面向的消费者群体，这是品牌战略的基础。制造业企业需要深入研究市场需求，了解消费者的喜好、需求和预期，然后根据这些信息明确自身的产品定位、服务定位和价格定位。这样才能确保品牌的相关策略符合市场需求，从而获得消费者的认可。

三、基于产品优势延伸服务价值链

基于产品优势延伸服务价值链是一个复杂而系统的过程。在这一过程中，制造业企业在产品优势的基础上，通过提供全方位、全链条的服务，进一步提升制造业企业的竞争力和市场影响力，促进制造业服务化转型。

（一）建立贯穿产品全生命周期的产品服务系统

贯穿产品全生命周期的产品服务系统涵盖了产品研发设计、生产制造、安装调试、交付使用等环节，制造业企业可以通过全方位、全链条的服务提升产品的可靠性和用户体验。

要建立一个贯穿产品全生命周期的产品服务系统，制造业企业首先需要有对产品全生命周期的深入理解。产品的每一个环节，包括从最初的设计研发，到生产制造，再到最终的交付使用，都产生了大量的数据。这些数据都是宝贵的资源，可以帮助制造业企业更好地理解产品的使用情况，发现产品可能存在的问题，从而提供更为精准的服务。比如，制造业企业可以通过分析产品在使用过程中产生的数据，了解产品的使用频率、使用环境、使用方式等信息，从而预测产品可能出现的问题，提前做好预警，为用户提供及时的维护服务。

在理解产品全生命周期的基础上，制造业企业还需要掌握大数据和人工智能等先进技术。这些技术可以帮助制造业企业在海量数据中提取有价值的信息，进一步优化服务。比如，通过机器学习算法，制造业企业可以根据历史数据预测产品的故障概率，提前进行状态预警。这样不仅可以提升产品的可靠性，减少故障带来的损失，也可以提升用户的满意度。

要真正实现从产品导向到服务导向的转变，制造业企业需要在全公司范围内推广服务思维。这意味着制造业企业的每一个环节，从高层管理，到研发人员，再到生产线上的工人，都需要将服务视为制造业企业发展的核心策略。每个人都需要站在客户的角度考虑问题，尽力提供优质的服务。

同时，服务的创新也是构建产品服务系统的重要环节。服务并不像产品那样具有明显的物理特性，其价值往往体现在创新上。因此，制造业企业需要不断探索新的服务模式，满足客户的新需求。比如，制造业企业可以根据客户的特定需求，提供个性化的产品升级服务，从而提升产品的价值。

此外，持续关注服务的执行情况，发现并及时解决问题，也是建立产品服务系统的关键环节。比如，制造业企业可以通过定期的服务满意度调查，了解客户对服务的评价，从而不断优化服务过程，提升服务质量。制造业企业还可以定期对服务流程进行审核，确保服务的质量和效率。

（二）提供市场对接服务

市场对接服务作为制造业服务化转型的重要内容，具备极高的战略价值。通过开展市场对接服务，制造业企业能够整合自身的市场资源，打通与客户间的信息通道，为客户提供更具针对性的服务，从而帮助自己和客户实现共赢。

市场对接服务的开展首先取决于制造业企业对市场的深入理解和精准洞察。这要求制造业企业能够准确捕捉市场动态，洞悉行业趋势，理解客户需求。制造业企业需要搭建一套能够快速、准确地收集和处理市场信息的机制，如构建行业信息共享平台，采用数据分析工具等。对市场信息的深入挖掘能够为制造业企业提供决策依据，帮助制造业企业调整经营策略，精细化市场定位，最大化市场效益。

实施市场对接服务，制造业企业需要将客户视为合作伙伴，而不仅仅是产品的消费者。制造业企业需要充分发挥自身优势，提供有针对性的服务，帮助客户解决实际问题。这需要制造业企业在战略层面上认识到服务的重要性，将服务化视为制造业企业发展的重要方向。

（三）提供解决行业问题的赋能型服务

解决行业问题的赋能型服务对制造业服务化转型来说是一种高度值得尝试和推广的实践路径。这种服务模式着眼于解决行业痛点、难点和堵点，为同行制造业企业或经营者提供解决方案，使其获得改善现状、提升业务能力的可能。

制造业企业首先需要充分掌握行业知识、洞察行业趋势，准确识别行业痛点、难点和堵点。这需要制造业企业在行业中积累深厚的经验，具备强大的信息收集和分析能力。制造业企业可以借助各种数据采集和分析工具，包括但不限于市场调研、专家咨询、用户反馈等，全面了解行业发展情况，提炼出行业关键问题。

其次，制造业企业需要发挥自身优势，提供解决行业问题的专业解决方案。这可能涉及建立行业基础、连通和完善供应链、输出商业模式、强化质量管理、外溢技术诀窍或管理经验等多个方面。例如，制造业企业可以利用自身在某一技术领域的专长，为同行制造业企业提供技术解决方案，帮助其提升技术能力；或者，制造业企业可以分享自身的管理经验，帮助其他制造业企业优化管理流程，提升管理效率。

再次，制造业企业需要建立有效的服务传递机制，确保其赋能型服务能够准确无误地传递给客户，产生实际效果。这可能需要制造业企业设置专门的服务团队，负责服务的设计、开发、传递和跟踪。同时，制造业企业还需要设置反馈机制，不断收集客户反馈，调整和优化服务内容，以满足客户需求。

最后，制造业企业还需要在推广服务的过程中，注重行业影响力的积累。制造业企业需要通过各种方式，如参加行业活动、发布行业报告、发表行业见解等，提升自身在行业中的知名度和影响力。这不仅能够帮助制造业企业吸引更多的客户，也能够提升制造业企业的市场竞争力。

四、基于行业价值链延伸生产性服务

在制造业服务化转型的实践中，基于行业价值链的生产性服务延伸是一个重要的方向。这种延伸并不仅限于传统的制造和销售，而是要求制造业企业以更全面、多元的视角，将其在行业中的经验和资源进行最

大化的利用，以此提供丰富的、全方位的生产性服务。制造业企业需要充分发挥自身的优势，通过提供生产性金融服务和文化赋值服务，增强自身的竞争力，提升行业的整体效率和竞争力。在这个过程中，制造业企业需要注意风险的防控和管理，确保制造业企业的财务安全；同时也需要注重客户体验的提升，满足客户的多元化需求，增强客户的满意度和忠诚度。通过这种方式，制造业企业可以实现自身的服务化转型与持续发展，也可以推动行业的繁荣和进步。

（一）发展生产性金融服务

2020 年 7 月，工业和信息化部等十五部门联合印发《关于进一步促进服务型制造发展的指导意见》，明确把"生产性金融服务"作为服务型制造创新发展的一个重要方向，明确"支持开展基于新一代信息技术的金融服务新模式"①。制造业的高质量发展离不开现代金融业的强有力支持，服务型制造作为企业价值实现方式和商业模式的根本性转变，不但需要传统信贷服务支持，更需要创新金融产品或者服务，围绕产品全生命周期提供有针对性且有价值的金融产品或服务。

生产性金融服务对制造业的高质量发展来说是不可或缺的。这类服务不仅需要传统信贷服务的支持，还需要创新金融产品或服务在产品全生命周期提供具有针对性且有价值的金融产品或服务。在当今的信息化社会，现代信息技术在生产性金融服务中发挥着关键作用。

在发展生产性金融服务方面，制造业企业的首要任务是以新一代的信息技术为支撑，建立健全的制造业企业财务安全机制以及金融风险防控机制。在发展过程中，制造业一直存在着信息化水平有待提高和与工业化融合程度有待加深的问题，这些问题现已成为影响制造业高质量发

---

① 工业和信息化部、国家发展和改革委员会、教育部等十五部门关于进一步促进服务型制造发展的指导意见 [EB/OL].（2020-7-15）[2023-05-30].https://www.miit.gov.cn/jgsj/zfs/fwxzz/art/2020/art_7bbc6d6ca94d4ea482fd312fed81c9e0.html.

展的重要因素。为了解决这些问题，中国在相关政策中明确了制造业信息化的发展目标，并着重强调现代信息技术的基础性作用。与此同时，现代信息技术在生产性金融服务中的重要性主要体现在三个方面。

第一，现代信息技术能有效解决信息不对称问题。在传统金融服务和创新金融服务中，信息不对称的问题始终存在。利用现代信息技术，如区块链、云平台等，制造业企业可以解决其在产业链中与供应商、分销商、客户和金融机构等利益相关者的信息不对称问题，进而促进企业的业务合作，提高中小企业的融资能力。

第二，现代信息技术能促进商业模式的创新。制造业的信息化在创新商业模式方面发挥着积极作用。知识经济时代要求制造业企业必须充分利用大数据将价值链延伸到使用端，以产品作为服务载体，以使用数据作为服务介质，通过不断挖掘和满足需求缺口来为客户创造价值。

第三，在数字化时代，信息技术的发展使制造业企业能够更加便捷、高效地处理各类问题，金融风险防控和管理也因此得以变得更为精准和周全。借助大数据、云计算、区块链等前沿技术，制造业企业可构建一套完整的风险管理系统，以此从源头对金融风险进行防控，以确保制造业企业财务的安全性。

在现代信息技术的支持下，制造业企业能够进一步利用自身的产品优势，采用创新的商业模式，为行业上下游的伙伴提供多样化的金融服务。比如，制造业企业可以为客户提供产品租赁或融资租赁服务，以减轻客户的资金压力；也可以为供应链、营销链、创新链等伙伴提供一系列金融服务，包括供应链金融、营销链金融、创新链金融，以及账款对冲或递延服务，以此帮助他们解决资金链的问题。此外，制造业企业还可以为业内的优质中小制造业企业提供订单融资、仓单融资和商业保理服务等，以此支持他们的发展。通过提供这些生产性金融服务，制造业企业不仅能够与合作伙伴构建更为紧密的合作关系，提升自身的经济效益，还能够加强制造业企业自身的竞争力。

发展生产性金融服务还需要制造业企业、金融机构和政府共同努力。制造业企业需要增强服务型制造发展意识，创新商业模式，强化与上下游中小企业的合作，提高产业链竞争力，并建立和完善全面风险管理体系。金融机构应当围绕制造业企业，特别是大中型核心制造业企业、上下游中小企业的金融需求，研发满足企业真实需求的新金融产品。政府则需要鼓励和支持制造业企业开展金融创新服务，加强金融监管，完善监管政策，引导金融机构更好地服务于制造业企业。

（二）转向文化赋值服务

文化赋值服务，即将文化价值融入制造产品和服务中，是现代制造业服务化转型升级的一个重要方向。这种服务通过深度挖掘和利用产品的特性和品质，结合制造过程的特色和相关的文化创意，提供给大众一种富有知识含量、提高审美水平、蕴含文化价值的服务，它旨在为客户提供更为丰富和有趣的体验，以提升产品的附加价值，增强产品的吸引力，最终推动制造业企业的转型升级。

制造业企业在深入挖掘和利用自身产品的特性和品质的过程中，不仅关注产品本身，更关注从产品中传达出来的文化和价值。每一种产品，都是制造业企业的独特文化和历史的体现，都包含着企业的精神面貌和技术创新。企业通过对这些元素的深度挖掘和创新运用，让产品充满更深层次的意义和价值。比如，一款由数百个零部件组成的汽车不仅是一种交通工具，更是工艺美学、工程技术和人类智慧的结晶。

制造过程中的特色，也是制造业文化赋值服务的重要部分。企业可以通过开展经营性的工业旅游，让客户有机会亲身体验制造过程，了解产品的生产和制造情况。比如，一家电子产品制造企业，可以通过让游客参观生产线，观察产品的装配过程，甚至在指导下自行组装一款产品，来感受到现代制造业的高效与精细。这种亲身体验，可以让客户更加了解产品，也更加欣赏企业的技术水平和工艺流程。

企业也可以通过开设博物展示馆，展示制造业企业的历史和文化，以及产品的研发和制造过程。这种展示不仅可以提高客户的产品知识，也可以提升他们的审美水平、文化品位。比如，一家钟表制造业企业，可以设立一个博物馆，展示其历史悠久的手工制表技术，展示其精美的表盘设计和复杂的机械结构，让游客在欣赏产品的同时，也能够领略到制表工艺的魅力和传统工艺的传承。

企业还可以通过组织主题文化娱乐项目，如产品设计大赛、制造体验活动等，让客户更深入地了解和接触产品，增强他们对产品的忠诚度和满意度。比如，一家摄影器材制造企业，可以组织摄影大赛，让消费者在使用产品的过程中，展示自己的创意和技术，这既能够增强消费者对品牌的忠诚度，也能够推动企业的产品和技术的不断更新和创新。

在实践中，已有制造业企业开展了相关方面的实践。以某钢集团为例，该集团探索形成了集公益性和效益性于一体的文旅产业发展模式。这一模式不仅延续了工业遗产的生命，展示了工业文化的魅力，还为制造业的服务化转型提供了新的动力。

该集团创新性地发展了工业旅游，充分利用了其所在地的历史、文化、产业等多元资源，构建了保护历史文物、宣扬工业文化、发展新型业态等多元发展路径。对于历史文物的保护，以万寿岩遗址为例，该集团为了保护古人类活动遗迹，立即停止了对万寿岩石灰石的开采，并创建了三钢万寿岩学院，将该遗址打造成福建国资委践行习近平生态文明建设的实训教育基地。

工业文化的宣扬体现在该集团将原苏式红砖旧厂房改造建设为"两馆"。一是 1958 工业记忆馆，展示了三明工业从零起步的历程，以及如何发展壮大成为福建省工业基地的过程；二是安全教育体验馆，提高体验者的安全防范和应急处理能力。这两个馆都以其独特的方式，展示了工业文化的魅力和价值，体现了国有企业的社会担当。

在发展新型业态方面，该集团以现有的工业旅游景区为载体，开展特色工业旅游，打造生产、生活、生态"三生相融"的钢铁小镇。同时，该集团以文旅产业为基础，持续拓展品牌价值，探索了"公益＋效益"双统一的文旅产业发展模式，为制造业服务化转型开辟了新的道路。

这些措施实施后，该集团建立了一种新的业态，即"文旅业态"。在这个模式下，文旅公司将自身作为重要载体，进一步探索服务型制造新外延。此外，该集团还打造了文旅线上平台，将旅游、特产、住宿、餐饮、文创、康养等业务全部纳入线上平台，形成了新型文旅融合发展业态。

通过这个案例可以发现，该集团的一系列措施不仅为工业文化旅游的发展提供了新的模式，也为制造业的服务化转型注入了新的活力。通过工业旅游，制造业可以以全新的方式展示其历史、文化和技术，从而提升其品牌价值和社会影响力。而文化赋值服务的实现，不仅丰富了制造业的服务内容，也进一步推动了制造业的服务化转型升级，这无疑将对整个制造业产生深远影响。

第六章　制造业生态圈与制造业转型

　　在进入 21 世纪的第三个十年，制造业的发展日新月异。然而，持续和快速的发展往往带来资源和环境的压力，这就需要人们从全新的视角来审视制造业的发展。制造业生态圈的概念和制造业的生态化转型，就是在这个背景下应运而生的。制造业生态圈不仅仅是物质生产的过程，更包含了包括人、机器、物料等在内的各种元素的协同与互动。如何建立起一个具有良好内在逻辑和生态平衡的制造业生态圈，将是本章需要深入探讨的问题。制造业生态化转型不仅是对环境的负责任，更是制造业可持续发展的必然要求。制造业生态化转型可以推动制造业向更高效、更绿色、更可持续的方向发展，为全球环境的改善做出贡献。同时，制造业生态化转型还能从理论到实践，为制造业的发展提供一条清晰而可行的路径。因此，如何推进制造业生态化转型实践也是本章探讨的重要内容。

第一节　制造业生态圈的内涵与要素

一、制造业生态圈的内涵

制造业生态圈的概念源于生态学中的生态系统。在自然生态系统中，各种生物和非生物因素在一个特定的空间内相互作用，形成一个动态平衡的、能够自我调节和自我更新的系统就是生态圈。借用这一概念，制造业生态圈可以被理解为在一定区域内，由制造商、供应商、分销商、客户、科研机构、投资机构等在内的各类参与者共同构建的、能够持续创新和发展的、协同共享的价值创造网络。在这个网络中，各类参与者不仅在竞争中求生存，而且在合作中寻求共赢，共同推动整个制造业的发展。

制造业生态圈作为一种涵盖制造业全产业链、集聚各类角色、具备相互影响、相互融合、相互渗透的产业网络，是当今时代中制造业发展的重要方向。不同于传统的产业链模式，制造业生态圈更加强调制造业企业间的协同和共享，以及全产业链的一体化发展。这是因为，制造业的现阶段发展已经不再依赖规模扩张，而是需要通过产业价值链和产品附加值的提升，实现产业聚集效应和财富倍增效应。制造业生态圈的构建，正是为了实现这样的目标。

制造业生态圈的内涵丰富，体现在其是一个多元、互动、全链条、创新、协同、共享的系统网络。制造业生态圈不仅涵盖了制造业全产业链的所有环节，构建了多元化、互相依存的社会关系结构，而且强调科技创新的持续推动和协同合作的力量。在制造业生态圈中，各类参与者共享资源、共享信息、共享技术、共享市场，一同面对风险，共享发展成果。这种模式通过整合全产业链的资源，实现了制造业的高效运行，同时激发了制造业的创新活力，推动了制造业的持续发展和高质量发展。

制造业生态圈强调参与者的多元化。这意味着制造业生态圈不仅包括上中下游的制造商、供应商和分销商，还包括科研机构、投资机构、政策制定者等多元的参与者。这些参与者各自发挥自己的优势，共同推动整个制造业生态圈的发展。

制造业生态圈注重关系的互动性。在制造业生态圈中，各类参与者并非孤立存在，而是通过各种形式的交互和协作，形成一个有机整体。这种互动性既表现为竞争关系，也表现为合作关系，其所衔接的各类参与者共同构成了制造业生态圈复杂而有活力的社会关系网络。这些关系既可以是直接的，如供应商和制造商之间的物资供应关系；也可以是间接的，如通过科研机构、投资机构等第三方进行连接的合作关系。无论是直接的还是间接的，这些关系都在为制造业生态圈的发展提供动力。

制造业生态圈追求网络的全链条化。这是指在制造业生态圈中，各类参与者需要覆盖制造业的全产业链，从原料的采购，到产品的设计、生产、分销、服务，甚至包括废品的处理和回收，制造业都应该在生态圈中得到体现。全链条化不仅可以增强制造业生态圈抵御外部风险的能力，也有助于提升制造业生态圈的整体效率和效益。

制造业生态圈更强调创新的持续性。在制造业生态圈中，科技创新被视为推动制造业发展的重要动力。因此，鼓励和支持科研机构、制造业企业等进行技术研发、产品创新、业务模式创新等活动，是制造业生态圈的重要任务。通过持续的创新，制造业生态圈可以保持其竞争优势，实现持续发展。

制造业生态圈倡导发展的协同性。这是指在制造业生态圈中，各类参与者需要通过协同合作，共同推动整个制造业生态圈的发展。这种协同性可以体现在多个方面，如共享资源、共享信息、共享技术、共享市场等。通过协同，制造业生态圈可以减少重复投入，提升效率，增强整体实力。

制造业生态圈追求效益的共享性。在制造业生态圈中，各类参与者不仅共享风险，也共享收益。这意味着，只有当所有的参与者都能从制造业生态圈的发展中获益，制造业生态圈才能实现持续发展。

总的来说，制造业生态圈是一种集聚各类角色，以协同、共享和创新为主导，实现全产业链一体化发展的制造业发展网络。这种模式不仅可以提升制造业的整体效率和效益，也有助于实现制造业的持续发展和高质量发展。尤其在当今时代，制造业生态圈的建设已成为推动制造业发展的重要路径。

二、制造业生态圈的要素

制造业生态圈的要素丰富多元，其中包括领军制造业企业、中小制造业企业、科技创新、资本运营、市场环境、政策环境、社会环境等多个层面，这些要素相互影响，相互依存，共同构成了制造业生态圈的结构和功能，如图 6-1 所示。

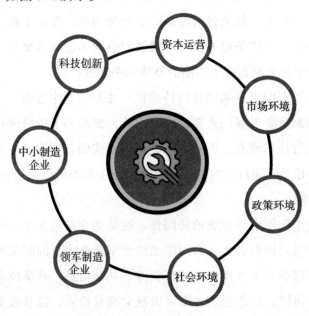

图 6-1　制造业生态圈的要素

（一）领军制造业企业

领军制造业企业作为制造业生态圈的核心要素，通常充当着"引领者"的角色，引领整个制造业生态圈的发展方向。这些制造业企业往往拥有先进的技术、雄厚的资本、稳定的市场和丰富的管理经验，在竞争中往往处于领先地位。领军制造业企业的存在为其他参与者提供了标杆，还在推动技术创新、整合市场资源、吸引制造业企业聚集、促进产业链协同发展等方面发挥了重要作用。正是因为有了这些领军制造业企业的引领，制造业生态圈才能持续健康发展。这不仅体现了领军制造业企业的影响力和价值，更凸显了其在构建和维护制造业生态圈中的核心地位。

（二）中小制造业企业

中小制造业企业的活力和创新精神为整个制造业生态圈注入了持久的生命力。相较于大型领军制造业企业，虽然中小制造业企业在资金、技术、市场等方面可能存在一定的不足，但其凭借灵活的运营模式、敏捷的反应速度和独特的创新能力，成为推动制造业生态圈发展的重要力量。中小制造业企业的存在，加强了制造业生态圈的韧性，使其在面临外部压力时能保持稳定。更重要的是，中小制造业企业的繁荣，促进了制造业生态圈的多元化发展，使其具有更丰富的内涵和更广阔的前景。

（三）科技创新

科技创新为制造业生态圈的发展提供了源源不断的动力。在当今知识经济时代，科技创新的重要性已经不言而喻。在制造业生态圈中，科技创新的重要性表现在两个方面：技术创新和模式创新。技术创新，即制造业通过科学研究和技术开发，推动产业技术的进步，提升产业的技术水平。模式创新则是制造业通过创新商业模式，改变产业的运营方式，优化产业的运行效率。不论是技术创新还是模式创新，科技创新的最终目的都是提升整个制造业生态圈的竞争力，并推动其向高质量发展方向迈进。

（四）资本运营

资本运营为制造业生态圈的运行提供了资金保障。资本运营的主要功能包括提供资金支持，推动产业发展；促进产业整合，提升产业效率；激发创新活力，推动技术进步。这些功能无疑为制造业生态圈的稳定运行和持续发展提供了重要保障。而且，资本运营通过并购、重组等方式，还能促进产业结构的优化，从而使其更好地服务于整个制造业生态圈的发展。

（五）市场环境

市场环境为制造业生态圈中的制造业企业提供了生存和发展的场所。市场环境能直接影响制造业生态圈中制造业企业的生存状态和发展前景。一个良好的市场环境，要有充足的市场需求，要能够激发制造业企业的创新动力，要能够推动制造业生态圈的发展。市场环境还包括竞争状况、消费者行为、市场规模等多个方面，这些都是影响制造业生态圈运行的重要因素。

（六）政策环境

政策环境为制造业生态圈的运行提供了制度保障。在制造业生态圈中，政策环境主要包括政府的产业政策、科技政策、税收政策、环保政策等。这些政策对制造业企业的投资决策、研发活动、市场行为等具有重要影响。特别是在科技创新方面，政策环境的重要性尤为突出。政府的科技政策可以为制造业企业的研发活动提供资金和政策方面的支持，为制造业企业的技术创新提供保障。

（七）社会环境

社会环境会影响制造业生态圈的公众认知和社会接受度。社会环境包括社会的消费观、环保观、价值观等多个方面，这些方面对制造业生态圈的运行有深远影响。例如，消费观能影响市场需求，环保观会影响制造业企业的生产方式，价值观能影响制造业企业的商业道德。在制造业生态圈中建立良好的社会环境，是制造业企业提升制造业生态圈的社会价值和公众影响力的重要手段。

制造业生态圈的这些要素是在长期的产业发展和市场运行中形成的，这些要素在制造业生态圈中相互作用，相互制约，共同推动制造业生态圈的运行和发展。而每个要素都包含了其特定的功能和角色，它们的存在和发展，为制造业生态圈的繁荣和活力做出了贡献。这些要素的内在逻辑，既体现为它们自身的特性和功能，也体现为它们之间的互动关系。正是通过这些要素的协同作用，制造业生态圈才能实现自身价值的最大化，推动产业的持续发展和社会的进步。

第二节　制造业生态化转型的作用

制造业生态化转型，即在制造业中构建生态系统，或者说是创建一个制造业生态圈。随着全球制造业竞争的日益加剧，制造业企业开始寻找更有效的方式来提高自身的竞争力，单打独斗已经无法满足现代制造业的发展需求，因此，制造业开始朝着更加开放、更加合作、更具创新性的方向转变。制造业生态化转型是这个转变过程中的重要体现，倡导的是制造业企业间的合作与共赢，而不仅仅是简单的竞争。

具体来说，制造业生态化转型的作用体现在以下四个方面，如图6-2所示。

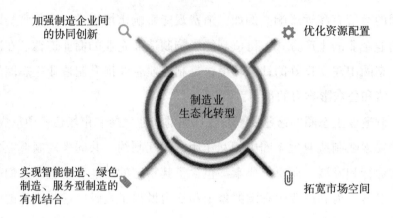

加强制造企业间
的协同创新

优化资源配置

制造业
生态化转型

实现智能制造、绿色
制造、服务型制造的
有机结合

拓宽市场空间

图 6-2　制造业生态化转型的作用

一、加强制造业企业间的协同创新

制造业生态化转型中的作用之一是对制造业企业间协同创新的持续加强与深化。在这个层面上，协同创新的含义颇为丰富，既包含了制造业企业内部的各项创新活动，更有制造业企业间深度的合作与共享。各种制造业企业之间的合作与共享不再局限于单一的产业链内，而是可以跨越产业链，跨越行业，实现多领域的深度交融，以全新的视角和方式，实现技术创新、模式创新、管理创新等多个层面的深度整合，推动了制造业的整体技术进步和能力提升。

这种协同创新的思想和做法在现代制造业环境中尤其关键。在现代制造业的发展中，随着技术的日新月异和市场竞争的激烈，单个制造业企业往往难以仅凭自身的力量完成所有的技术创新工作。这是因为技术创新需要巨大的资金投入和时间消耗，而且风险极高。更重要的是，技术创新的内容日益复杂，需要企业集成并掌握多种技术和知识，这对于单个制造业企业来说无疑是一项艰巨任务。

不过，制造业生态化转型的到来，为制造业企业间的协同创新提供了新的可能性。在制造业生态圈中，各个制造业企业可以通过各种形式的合作和共享，让每个制造业企业都能在其中找到自己的定位，发挥各自的优势，弥补各自的不足，共同推进技术创新。以领军制造业企业为例，其可以利用自身的技术和市场优势，与其他制造业企业共享技术和知识，共同开展创新活动。这样做不仅可以显著提升该企业的创新效率和成功率，而且能有效降低创新的风险。

值得注意的是，这种协同创新并不局限于同一产业链内的制造业企业，而是可以跨越产业链，甚至跨越行业。制造业企业可以与 IT 制造企业合作，利用 IT 技术提升制造过程的智能化水平；也可以与环保制造企业合作，采用环保技术提升制造过程的绿色化水平。这种跨界合作，能够打破传统的行业界限，引入全新的思维和技术，从而推动制造业的技术创新。

在制造业生态圈中，制造业企业还可以借助共享平台，强化技术和知识的交流与共享。这种共享平台可以是具体的实体研发中心，也可以是虚拟的在线平台。通过这个平台，各制造业企业可以更方便地获取到其他制造业企业的技术和知识，从而提高自身的创新能力。同时，制造业企业也可以通过这个平台，将自身的技术和知识分享出去，获取到相应的回报。

二、优化资源配置

资源配置在任何经济体系中都扮演着重要角色，对制造业生态圈而言，其关键地位更是无可置疑。在制造业生态圈中，各种不同的制造业企业拥有各自独特的资源，包括但不限于人力资源、技术资源、资本资源和信息资源。在制造业生态化转型的过程中，如何有效地配置这些资源，以求得最大的经济效益，无疑是所有参与者必须面临并解决的重大挑战。

在传统的制造业模式中，制造业企业往往会以一种单一的方式运用自己的资源，但这种模式下的资源利用率较低，难以满足市场多元化需求。然而，当制造业走向生态化转型，各制造业企业通过深度的合作和共享，便能够优化各自的资源配置，显著提升资源的利用效率。这种优化并不仅仅限于制造业企业内部的资源配置，更包含了制造业企业间的资源配置。

在制造业企业内部，生态化转型为制造业企业指明了一条根据市场变化和自身的核心优势进行资源配置的路径。以技术先进的制造业企业为例，这种制造业企业可以加大对技术研发的投入，充分发挥自身在技术方面的优势，使它的产品或服务能够始终保持领先的市场竞争力。而对于市场导向的制造业企业，它可以加大对市场开发的投入，发挥自身的市场优势，以吸引更多的消费者，提升品牌的市场份额。

在制造业企业间，生态化转型推动了制造业企业通过合作和共享，实现了资源的优化分配与互补。例如，技术先进的制造业企业可以通过与市场导向的制造业企业合作，利用后者的市场优势，扩大自身的市场份额，从而提升自身的市场地位。与此同时，市场导向的制造业企业也可以通过与技术先进的制造业企业合作，引入后者的技术优势，提升自身的产品质量和服务水平，赢得更多消费者的信任和好评。这种合作和共享的方式，不仅可以提升资源的利用效率，也有助于降低制造业企业的运营风险。

反过来说，优化的资源配置也能有效提升整个制造业生态圈的竞争力。在今天全球化的市场竞争中，拥有优化资源配置的制造业生态圈可以更好地应对市场变化，抵御外部风险，从而在竞争中占得先机，获取更大的市场份额。这正是制造业生态化转型对优化资源配置重要性的体现。

三、拓宽市场空间

制造业生态化转型是一种引领制造业企业走向更宽广市场空间的有效途径，它通过将传统的制造业转变为一个多元化、高度互动的生态系统，为各类制造业企业提供了无数的可能性和机会。只有拥抱这种转型，制造业企业才能在全球经济的竞争中站稳脚跟，才能在市场的变化中找到自己的位置。

在制造业生态化转型的驱动下，制造业企业拥有了更多的产品创新和服务开发的机会。在这个富有生命力的制造业生态圈中，制造业企业通过合作与竞争，共享技术与市场信息，共同推动产品和服务的创新。以领军制造业企业为例，它可以与其他制造业企业共享其先进的技术和生产经验，携手开发出全新的产品，探索新的市场领域。这一过程不仅提升了产品的质量和价值，使其在市场中更具竞争力，也为制造业企业拓宽了市场空间，使其在商业版图中占据更广阔的领地。

在制造业生态圈中，制造业企业之间的交流与合作使制造业企业能够及时获取市场的最新需求信息，从而更好地了解和适应市场需求。无论是市场的微妙变化，还是消费者的新需求，都无法逃过在这个制造业生态圈中交流合作的制造业企业的眼睛。它们可以通过对市场信息的深入分析和研究，对市场进行精准定位，找到自己的市场定位。这样，制造业企业不仅能更好地满足市场需求，也能在满足市场需求的过程中，找到自己的存在价值和发展方向。

在制造业生态化转型的推动下，制造业企业有机会扩大自己的市场份额。在这个制造业生态圈中，制造业企业可以通过与供应商、分销商等合作，扩大销售网络，提高市场覆盖率。而与其他制造业企业的合作，可以促使制造业企业开发出具有竞争优势的产品，吸引更多的消费者，提升自己的市场地位。在这个过程中，制造业企业之间的竞争和合作并行不悖，竞争促使制造业企业提升自己，而合作则帮助制造业企业拓展市场空间。

制造业生态化转型还能为制造业企业带来更多的市场机会。在这个制造业生态圈中，制造业企业可以通过参与各种项目和活动，获取新的市场机会。制造业企业参加行业展会、论坛等活动，不仅可以展示制造业企业的产品和技术，吸引更多的合作伙伴和客户，还可以拓宽视野，收集最新的市场信息，为制造业企业的发展提供更多的可能性。另外，制造业企业参与政府的产业项目，不仅可以获取政府的支持和资助，还可以帮助制造业企业进入新的市场领域，从而拓宽市场空间。

四、实现智能制造、绿色制造、服务型制造的有机结合

制造业生态化转型意味着将以生态系统的观点看待整个制造业，它将智能制造、绿色制造、服务型制造这三个看似独立而又互相关联的概念有机结合，打造出一个充满活力和创新力的制造业生态圈。制造业生态圈包括从产品研发、生产制造到服务提供的全过程，各环节在智能、绿色、服务的理念指引下，相互融合、协同发展，形成一个统一、互补、协调的全新制造业模式。这个结合不仅提升了制造业的生产效率和产品质量，也促进了制造业的可持续发展，将制造业引向一个以数据驱动、环保为导向、以服务为增值的新阶段。

智能制造，即制造业企业利用先进的信息技术和制造技术，通过数据的收集、分析和应用，实现制造过程的智能化。在制造业生态圈中，智能制造使制造业企业可以通过数据分析和机器学习等技术，优化生产流程，提高生产效率，从而提高产品的质量和价值。

绿色制造，即在制造过程中，制造业企业充分考虑环境保护，通过减少能源消耗、降低污染排放，实现制造过程的可持续发展。在制造业生态圈中，制造业企业通过绿色制造的理念和技术，实现了制造过程的绿色化，提升了制造业企业的环保水平，同时提高了产品的绿色价值。这一点在面对越来越严格的环保法规和日益增长的绿色消费需求时，显得尤为重要。

服务型制造，即制造业企业将制造业和服务业有机结合，通过提供与产品相关的高质量服务，增加产品的附加值，提升自身竞争力。在制造业生态圈中，服务型制造使制造业企业不仅可以通过制造产品来创造

价值，也可以通过提供服务来创造价值。这种模式既可以提升产品的价值，也可以提升制造业企业的市场竞争力。

在制造业生态圈中，智能制造、绿色制造和服务型制造并非孤立存在的，其是相互联系、相互依赖的。例如，智能制造运用先进的信息技术和制造技术，通过收集、分析和应用大量数据，实现生产过程的智能化。而这些数据的收集和分析，往往需要绿色制造和服务型制造的配合。绿色制造可以提供关于能源消耗、环保指标等数据，服务型制造则可以提供关于用户反馈、服务满意度等数据。这样一来，智能制造便能基于这些数据，进行更精准、更高效的生产决策。智能制造也能反过来为绿色制造和服务型制造提供支持。比如，智能制造通过数据分析，可以发现生产过程中的能源浪费点，从而指导绿色制造进行改进。同样，通过对用户数据的分析，智能制造也可以帮助服务型制造更好地理解用户需求，提供更贴心的服务。这样一来，绿色制造和服务型制造也能够通过智能制造，提升自身的效率和质量。

这三者之间的结合使制造业生态化转型能够更好地满足市场需求。智能制造提升了制造业企业的生产效率和产品质量，绿色制造满足了人们对环保的期待，服务型制造则通过提供优质服务，增强了用户体验。这样一来，制造业生态化转型不仅能够提升制造业企业的竞争力，也能够创造更大的市场价值。

第三节　制造业生态化转型实践路径

制造业生态化转型要从以下几个方面入手，如图6-3所示。

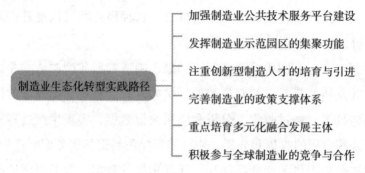

图6-3 制造业生态化转型实践路径

一、加强制造业公共技术服务平台建设

制造业生态化转型旨在构建一个具备高效互动、共享协同、开放创新的制造业生态系统。在这个变革中，加强制造业公共技术服务平台建设被视为一种重要的实践路径，这可以高效地整合行业内外的资源，催生创新，打破旧有的产业壁垒，最终推动制造业整体进步。不过，为了更好地理解这个路径的重要性，制造业企业需要深入探讨公共技术服务平台的功能与作用，及其为何能有效地推动制造业的生态化转型。

一方面，公共技术服务平台可以作为制造业内各种资源的连接桥梁。在广泛的制造业领域中，技术和知识种类繁多，而每个制造业企业都在其特定领域中积累了丰富的专业知识和技术经验。这种分散的知识和技术状况，虽然在一定程度上体现了制造业的多样性，但同时带来了一系列问题，最重要的问题就是信息不对称。制造业企业之间往往难以获取其他制造业企业的技术和知识，大量的知识和技术也因此无法得到充分的利用，影响了制造业的整体发展。

这时，公共技术服务平台就显得至关重要。它能够整合各类分散的知识和技术，形成一个集中的信息库，使所有的制造业企业都可以通过平台来获取其他制造业企业的知识和技术。这种情况将大大降低信息不对称带来的问题，让更多的制造业企业能够利用到最前沿的技术和最新的知识，从而提升整个制造业的技术水平。此外，公共技术服务平台的建设还将改变制造业内部的资源配置方式，它可以通过信息共享和资源整合，使资源配置更加合理和高效，从而提高整个制造业的生产效率。

另一方面，公共技术服务平台可以作为推动创新的重要载体。在今天这个竞争日趋激烈的制造业环境中，持续的创新已经成为制造业企业生存和发展的关键。然而，创新并不是一件容易的事情，制造业企业需要具备广泛的知识基础，需要不断的思想碰撞，需要持续的投入和研究。而公共技术服务平台就可以提供这样一个开放的环境，让各种制造业企业的创新者有机会在这个平台上交流思想，碰撞出新的想法，共享创新的成果。

这种开放的环境对创新非常重要，因为创新往往来自不同领域的知识和技术的交叉和碰撞。公共技术服务平台正是提供这种交叉和碰撞的平台，它可以将各领域的知识和技术汇聚在一起，让创新者可以在这个平台上找到新的灵感，产生新的创新。这将极大地推动制造业的技术创新，提升制造业的核心竞争力。

加强制造业公共技术服务平台建设，不仅能够整合分散的资源，降低信息不对称水平，提高制造业的技术水平和生产效率，还能够提供一个开放的环境，推动制造业的技术创新。这些都是公共技术服务平台能够有效推动制造业生态化转型的重要原因。

然而，建设公共技术服务平台并非易事，这需要各方面的努力和合作。制造业公共技术服务平台的建设和实施是一个全方位、多维度的任务，它涵盖了从目标设定、架构体系、服务模式，到运营管理、服务内容等诸多方面。

公共技术服务平台的建设目标要以增强服务创新能力为核心，它能为制造业提供有针对性的解决方案。为了达到这个目标，平台需要了解制造业的发展趋势，准确把握制造业企业的需求。这就要求平台能够接收和处理大量的信息，对行业动态保持敏感，对制造业企业需求有深入了解。同时，平台还需要有能力将这些信息转化为实际的服务和解决方案，以满足制造业企业的需求。这就需要平台具备高效的信息处理能力和创新的服务设计能力。

在架构体系上，平台需要建立面向重点领域的专业服务平台和面向重点区域的综合服务平台，健全管理制度，规范服务流程，确定合理的收费标准。要做到这一点，公共技术服务平台就需要建立一个科学的管理机制和服务流程。管理机制要能确保平台的稳定运行，服务流程要能确保服务的顺畅进行。平台的收费标准要合理，还要既能确保平台的运营成本，又不会使制造业企业承受过重的负担。

在服务模式上，平台应以制造业企业需求为中心，整合本地制造业优势资源，吸引国内外服务型制造优质资源，创新服务手段，为制造业企业提供优质服务。这就要求平台有强大的资源整合能力和服务创新能力。资源整合能力可以使平台拥有更多的服务资源，服务创新能力可以使平台提供更多样化的服务。

在运营管理上，平台应坚持政府主导、多元化投资的方向和策略，支持制造业成果交易与展示、人才培训、专业协会或联盟等中介服务体系的建设。这就需要平台能够得到政府的支持和监督，同时需要吸引私人投资，增加平台的资金来源。平台还需要与其他的服务机构建立合作关系，共同推动制造业的发展。

在服务内容上，平台应瞄准价值链高端环节，完善设计服务、定制服务、供应链管理、产品全生命周期管理、系统解决方案、信息增值服务等。这就需要平台能够提供全方位的服务，满足制造业企业在各个环节的需求。同时，平台还需要有一个强大的技术支持团队，为制造业企业提供技术咨询和技术支持。

公共技术服务平台还应打破信息孤岛，鼓励制造业企业与第三方服务制造业企业实现多场景、多渠道、全生命周期的风险共担和信息共享，促成跨区域、跨行业、跨领域的新型产业联盟。这就要求平台搭建一个开放的信息交流系统，让所有的参与者都可以在这个系统上获取所需的信息，减少信息不对称带来的影响。平台还要与行业协会、研究机构、产业园区等形成合作，为用户提供更多元化的服务，这需要平台具备强大的联盟组织和协调能力。

二、发挥制造业示范园区的集聚功能

（一）制造业示范园区的集聚功能

制造业示范园区在推动制造业生态化转型的过程中起到了至关重要的作用。其原因在于，制造业示范园区通过集聚功能，在物理空间上构建了一个具有活力的制造业生态圈，使各个参与者有机会在同一平台上共享资源，开展合作，实现共赢。其中包括制造业企业、生产性服务制造业企业、科研服务机构以及金融机构等多元参与者，他们的协同合作与交互使这个制造业生态圈更加活跃和多元化。

制造业示范园区作为一个物理的空间，其存在本身就意味着一种集聚。园区内的各种设施，如厂房、办公室、研发中心等，都是为了满足制造业企业在生产、研发、管理等方面的需求而置办的。园区的建设和维护，不仅是对这些硬件设施的投入，更是对一种生态环境的营造。这种环境有利于各种创新要素的集聚，如人才、技术、资金等，也有利于各种创新活动的开展，如技术研发、产品设计、市场开拓等。

制造业示范园区的集聚功能不仅体现在空间上，还体现在功能上。园区内的各种服务，如金融服务、市场推广服务、技术支持服务等，都是为了满足制造业企业在运营、发展过程中的需求而产生的。这些服务的提供，不仅可以帮助制造业企业解决实际问题，提高运营效率，还可以为制造业企业创造新的价值，推动制造业企业的创新和发展。

制造业示范园区的集聚功能还体现在产业链上。园区通过集聚各种上下游制造业企业，构建完整的产业链，为制造业企业提供全方位的配套服务。这种产业链的构建，不仅可以减少制造业企业的采购成本，提高生产效率，还可以增强制造业企业的竞争力，推动制造业企业的发展。

此外，制造业示范园区的集聚功能还体现在创新上。园区通过集聚各种创新要素，如人才、技术、资金等，为制造业企业提供了良好的创新环境。这种创新环境的营造，不仅可以促进制造业企业的技术创新，还可以推动制造业企业的模式创新、业态创新等，从而推动制造业企业的持续发展。

因此，制造业示范园区的集聚功能是推动制造业生态化转型的重要实践路径。通过优化物理空间、提供全方位服务、构建完整的产业链以及营造良好的创新环境，制造业示范园区能够有效地推动制造业的生态化转型，实现各参与者的共赢。

（二）构建制造业示范园区的路径

在构建制造业示范园区的过程中，不同的参与者需求被满足的同时，也应尽可能地提升他们之间的协作效率。在这一过程中，示范园区的建设需要围绕以下几个方面进行。

1. 构建以特定主导产业为核心的完整产业链

示范园区应对一定领域的主导产业有清晰的定位，从而吸引相关的上下游制造业企业进驻。这样，整个园区就能够形成一条完整、有机的产业链，各个环节之间的合作将变得更加紧密高效。同时，这也会为园区内的制造业企业提供更多的商业机会，因为它们可以通过合作，进一步优化自身的产品和服务。

例如，如果示范园区的主导产业是汽车制造，那么园区可以通过全产业链招商，引入包括汽车零部件生产、汽车设计、汽车销售等相关制造业企业。这样，整个园区就形成了一个汽车产业的制造业生态圈，各环节之间可以相互配合，相互支持，共同推动汽车产业的发展。

2. 引进生产性服务业，实现制造业与服务业的深度融合

生产性服务业能够为制造业提供多元化、个性化的服务，提高制造业的服务化水平。这样不仅能够提升制造业的附加值，也有助于提高制造业企业的竞争力。例如，园区可以引进研发设计、物流配送、市场营销等服务制造业企业，为制造业企业提供全方位的支持。

再如，园区可以引入专门的设计公司，为汽车制造业企业提供定制化的设计服务，从而提高汽车的设计水平。同时，园区还可以引入专门的物流公司，为汽车制造业企业提供定制化的物流服务，从而提高汽车的交付效率。

3. 引进人才和项目，形成项目与人才的良性互动

人才是推动制造业企业创新的重要力量，而项目则是实现创新的主要载体。通过引入人才和项目，园区可以促进制造业企业的创新能力，推动制造业企业的发展。

例如，园区可以设立人才引进计划，吸引全球范围内的顶级人才来园区工作。同时，园区还可以设立项目孵化平台，为园区内的制造业企业提供项目孵化、项目推广等服务，促进项目的成功实施。

4. 实现基础设施和产业资源共建共享

示范园区还应通过基础设施和产业资源共建共享、制造业企业间共性技术集中开发、产业市场共同培育开发等方式，推动园区内部的协调发展。这可以使园区内的资源得到更好的利用，降低制造业企业的运营成本，同时提升整个园区的竞争力。

例如，园区可以设立公共研发平台，促进制造业企业间的技术共享。园区还可以设立共享型生产设施，如共享式工厂、共享式实验室等，让中小制造业企业能够以低成本使用先进的生产设施。此外，园区还可以建立共享型市场，如共享型销售平台、共享型采购平台等，让园区内的制造业企业能够以低成本获取市场资源。

5. 优选并培育一批具有示范效应的项目和制造业企业

示范园区应优选并培育一批具有示范效应的项目和制造业企业。这些示范项目和制造业企业不仅能够带动园区内其他制造业企业的发展，也能够为外界提供参考，推动更多的制造业企业参与到制造业的生态化转型中来。

例如，园区可以选择一些具有创新性、领先性的项目作为示范项目，提供必要的支持，促进其成功实施。园区也可以选择一些有能力、有潜力的制造业企业作为示范制造业企业，提供必要的支持，促进其发展。这些示范项目和示范制造业企业的成功，可以激发园区内其他制造业企业的创新活力，推动整个园区的发展。

6. 发挥政府和园区管理机构的作用

构建制造业示范园区，政府和园区管理机构的角色是关键。政府和园区管理机构需要进行精准的策略性规划和布局，提供各种服务和支持，以促进园区内部的协调发展。他们的工作并不是简单地提供资金支持或者进行规划设计，而是需要根据园区的具体情况，做出有针对性的决策，以确保园区的持续、健康发展。

具体来说，政府和园区管理机构需要做好这四方面的相关工作：一是制定明确的发展目标和策略，这些目标和策略既要反映出园区的独特性，也要考虑到园区的实际情况；二是制定各种优惠政策，如税收优惠、资金支持等，以吸引制造业企业和人才入驻园区；三是设立各种服务平台，如人才服务平台、项目孵化平台等，以支持园区内的制造业企业和项目；四是建立有效的协调机制，以确保园区内部协调发展。

三、注重创新型制造人才的培育与引进

（一）创新型制造人才的驱动力

在制造业的生态化转型路径中，注重创新型制造人才的培育与引进

是必不可少的一环，这是因为，人才是制造业的核心竞争力，人才的创新力、专业素养和社会影响力，是推动制造业技术更新、产品创新和服务升级的基础，是推动制造业生态化转型的关键因素。人才的存在和活动，提高了制造业的创新能力，推动了制造业的生态化转型，为制造业的持续发展提供了强大的驱动力，这具体可从人才的作用、人才的特性，以及人才对制造业生态化转型的影响这三个层面进行分析。

1. 创新型制造人才是制造业生态化转型的推动力量

无论是工艺技术的革新，还是产品设计的独创，或者是市场策略的调整，甚至是制造业企业文化的塑造，都需要人才的参与和推动。人才在这些领域中的作用可谓是无可替代的，他们具备丰富的知识、技能和经验，能够根据市场需求和技术发展趋势，提出富有创新性的解决方案，从而推动制造业的技术创新和产品创新，进一步促进制造业的生态化转型。

2. 创新型制造人才是制造业生态化转型的基石

一个制造业企业，乃至一个行业的发展，都离不开人才的支持。人才是制造业企业的资产，是制造业企业的核心竞争力。他们具备全面的专业知识和技能，能够在制造业的各个环节中发挥关键作用。他们熟悉研发、设计、制造、物流、分销、安装、试验、检测、维修、回收等全价值链的工作，能够整合和协调各个环节，实现制造业的优化运营。因此，创新型制造人才是推动制造业生态化转型的基石，是制造业生态化转型的重要支撑。

3. 创新型制造人才对制造业生态化转型的影响是全方位的

创新型制造人才不仅可以推动制造业的技术创新和产品创新，提高制造业的运营效率，还可以通过他们的专业素养和社会影响力，影响和改变制造业的发展环境和发展趋势，从而推动制造业的生态化转型。创新型制造人才可以通过创新性的解决方案和模式，推动制造业向更环保、更高效、更智能的方向发展，形成新的生态化制造模式。创新型制造人才还可以通过各种方式，如政策倡导、教育培训、社区建设等，推动制造业文化和价值观的更新，形成支持生态化制造的社会环境。

（二）创新型制造人才的培育与引进策略

在制造业的生态化转型过程中，注重创新型制造人才的培育与引进，需要制造业企业建立创新型的人才培养模式，设立专项的人才引进基金，建立专门的人才信息供求平台，这些措施都有助于提供制造业所需的人才资源，推动制造业的技术创新和产品创新，提高制造业的运营效率，提升制造业的核心竞争力，为制造业的生态化转型提供坚实的基础。

1.建立并实施创新型制造人才的培养模式

建立并实施创新型制造人才的培养模式是至关重要的。这涉及对人才培养体系的深度理解和改革。人才培养模式的创新应始于高等教育和职业教育的改革，以适应制造业的创新发展需求。行业协会、高等院校、科研机构和制造业企业之间需要建立紧密的联盟，以便共享教学资源，实现教学研究的共赢。他们可以通过合作开发创新型制造人才培养课程，包括提供实践性强、应用性高的课程和项目，帮助学生掌握创新型制造的专业知识和技能。此外，选拔和培训也是关键的环节，制造业企业可以通过举办技能比赛、创新大赛等方式选拔出优秀的创新型制造人才，然后提供专业的培训和指导，以提升他们的职业技能和创新能力。

2.设立专项的人才引进基金和启动紧缺人才引进工程

设立专项的人才引进基金和启动紧缺人才引进工程，能够有效地吸引和引进国际上的顶级科技领军人才和团队。这包括那些拥有国际发明专利、掌握核心技术的世界一流科技领军人才和团队。引进这些人才和团队，能够极大地推动制造业的技术创新和产品创新，提升制造业的国际竞争力。人才引进基金的设立，不仅可以提供经济的支持，还可以展示出国家和社会对人才的高度重视和尊重，这对吸引人才具有极大的作用。同时，紧缺人才引进工程的实施，需要政策的支持和引导，包括为人才提供优惠的政策条件，如简化审批流程、提供住房支持等，以便他们在新的环境中快速适应和工作。

3. 建立专门的人才信息供求平台

建立专门的人才信息供求平台是提高创新型制造人才服务能力的重要手段。人才信息供求平台可以集中显示人才的需求信息和供给信息，为企业获取人才资源提供便利。它可以及时发布制造业的人才需求预测，帮助人才准确了解制造业的发展动向和需求情况，从而做出正确的职业规划和选择。人才水平的评价也是平台的重要功能之一，该平台可以通过公正、公平、公开的方式，对人才的职业技能和工作表现进行评价，以便制造业企业选择合适的人才。平台也可以推动人才的跨行业、跨区域交流，开阔人才的视野，提升他们的知识和技能。而且，人才激励政策的出台，如提供各种奖励、优惠等，也是平台的重要职责，这可以激发人才的积极性和创新性，促使他们更好地服务于制造业的生态化转型。

四、完善制造业的政策支撑体系

（一）制造业政策的作用

在全球经济和科技飞速发展的当下，制造业正在面临着深刻的变革。这一变革既源于技术创新带来的生产方式、商业模式的改变，也源于社会环境的转变，如环境保护意识的增强和低碳经济的推动。因此，制造业生态化转型不仅是必然的趋势，也是制造业实现可持续发展的重要途径。

然而，制造业生态化转型是一项涉及面广、复杂度高、难度大的系统工程。它涉及制造业从研发、设计、生产、销售、服务到回收再利用等全过程的转型和升级，这不仅需要企业的积极行动，更需要政府通过政策工具进行引导和推动。因此，完善制造业的政策支撑体系，已然成为制造业生态化转型实践路径的关键一环。

政策环境对制造业的生态化转型有着至关重要的影响。政策环境包括制定的政策、政策执行的效力和政策效应的反馈等方面，这些方面的状况会直接影响制造业生态化转型的方向、速度和效果。

政策能够引导和调控制造业的发展方向。制造业的生态化转型涉及许多领域和问题，需要制造业企业进行技术创新、管理创新、模式创新等多方面的改革和创新。政策能够通过明确的目标和路径，引导企业进行有针对性的创新和改革，促使制造业朝着生态化、低碳化的方向发展。

政策能够为制造业提供必要的资源和环境支持。制造业的生态化转型需要大量的资金投入、技术支持和人才储备，还需要有利的市场环境和社会环境。政策能够通过财政补贴、税收优惠、人才引进、技术推广、市场引导等方式，为制造业生态化转型提供必要的资源和环境。

政策能够调整和优化制造业的发展机制。制造业的生态化转型不仅需要企业的自身努力，也需要各种外部力量的配合，如供应链合作伙伴、科研机构、金融机构、消费者等。政策能够通过建立和完善各种机制，如技术转移机制、知识产权保护机制、环保责任制等，使制造业生态化转型成为各方共同参与、共享利益的过程。

（二）完善制造业的政策支撑体系策略

在此背景下，完善制造业的政策支撑体系还要从以下三个方面入手。

1.确保制定和实施政策的科学性和实效性

制定和实施政策的科学性和实效性取决于对制造业发展现状和问题的准确把握。因此，我国政府及相关部门需要建立一套全面的制造业发展监测和统计分析体系。这个体系应包括各种数据的收集、整理、分析和预测等环节，覆盖制造业的全链条，包括产品研发、生产、销售、服务、回收再利用等各个环节。只有了解制造业的发展现状，发现和揭示制造业存在的问题和不足，预测制造业的发展趋势和变化，政策制定才能有的放矢，从而达到预期的效果。

　　具体来说，我国政府及相关部门要通过大数据、云计算等技术，建立全面、精准的数据收集和整理系统，定期收集和整理各类制造业数据，包括产量、销量、质量、效率、环境影响等各类数据。这些数据可以帮助我国政府及相关部门了解制造业的发展现状，如产量和销量数据可以反映出制造业的产能和市场需求情况，质量和效率数据可以反映出制造业的生产效率和质量控制情况，环境影响数据则可以反映出制造业的环保情况。

　　与此同时，我国还要通过科学的分析方法，对收集到的数据进行深入的分析和解读，发现和揭示制造业存在的问题。这些问题可能包括技术创新能力亟待加强、生产效率有待提高、需要更全面有效的环保措施、产品质量有待提高等。这些问题既是制造业发展必须突破的挑战，也是政策制定的重要依据。此外，国家通过预测模型和方法，可以预测制造业的发展趋势和变化。这些预测结果可以为政策的制定提供前瞻性的依据，如果国家预测到制造业将面临技术创新挑战的问题，那么政策就会加大对技术创新的支持力度；如果预测到制造业将面临环保压力增大的问题，那么政策就应当加大对环保工作的推动力度。

　　2. 以促进制造业差异化技术创新和服务转型为目标

　　政策的制定和实施，应以促进制造业差异化技术创新和服务转型为目标。制造业生态化转型的过程，实际上也是制造业从传统模式向差异化、高效率、低碳环保模式转变的过程。因此，政策的制定和实施，应当以推动这一转变为目标，鼓励和引导制造业企业实现从产品导向向服务导向，从规模化、标准化向个性化、定制化转变，从单一化、封闭化向多元化、开放化的转变，以此实现制造业的生态化转型。

　　具体来说，政策应当通过支持制造业企业开展服务化转型，推动制造业从产品导向向服务导向转变。服务化转型可以使制造业企业更好地满足用户需求，提高用户满意度，也可以提高制造业企业的利润空间。政策可以从多个方面支持服务化转型，包括提供相关的财政支持，如设立专项基金支持服务化转型项目；提供相关的知识支持，如提供服务化转型的培训和咨询服务；提供相关的市场支持，如创建服务化转型的市场推广平台等。

政策应当通过优化制造业产业组织设计，推动制造业从规模化、标准化向个性化、定制化转变。优化产业组织设计，可以帮助制造业企业提高生产效率，降低生产成本，也可以帮助制造业企业满足市场的个性化需求。政策可以从多个方面支持产业组织设计的优化，包括提供相关的财政支持，如设立专项基金支持产业组织设计的优化项目；提供相关的知识支持，如提供产业组织设计的培训和咨询服务；提供相关的市场支持，如创建产业组织设计优化的市场推广平台等。

政策还应当通过鼓励企业主辅业务分离、制造与服务分离，推动制造业从单一化、封闭化向多元化、开放化转变。主辅业务分离、制造与服务分离，可以帮助制造业企业充分发挥自身优势，避免资源的浪费，同时可以帮助制造业企业提高市场适应能力。政策可以从多个方面支持主辅业务分离、制造与服务分离，包括提供相关的财政支持，如设立专项基金支持主辅业务分离、制造与服务分离项目；提供相关的知识支持，如提供主辅业务分离、制造与服务分离的培训和咨询服务；提供相关的市场支持，如创建主辅业务分离、制造与服务分离的市场推广平台等。

3. 坚持大中小微企业的协调发展原则

在政策的制定和实施中，大中小微企业的协调发展是一个重要原则。因为在制造业中，大中小微企业各有各的优势和功能，使其协调发展可以充分发挥这些优势和功能，推动制造业的整体进步。只有大中小微企业协调发展，制造业才能实现全面进步，进而实现生态化转型。

对大企业而言，政策应当支持其围绕主体业务和核心业务向产业关键和共性技术研发拓展，向个性化定制平台、网络化协同制造平台、产品智能化总装平台和产品全周期服务平台开发拓展。这样，大企业可以在保持其规模优势的同时，实现技术创新和服务创新，提高市场竞争力。

政策可以从多个方面支持大企业的发展，包括提供相关的财政支持，如设立专项基金支持大企业的技术研发和服务创新；提供相关的知识支持，如提供大企业技术研发和服务创新的培训和咨询服务；提供相关的市场支持，如创建大企业技术研发和服务创新的市场推广平台等。

对中小微企业而言，政策应当鼓励其深度参与全生产链和相互提供生产性服务，积极与大中企业协作配套，向专精特新制造发展，争做产品细分市场上的"隐形冠军"。这样，中小微企业可以在保持其灵活性和创新性的同时，实现生产效率和服务质量的提升，从而提高其市场竞争力。政策可以从多个方面支持中小微企业的发展，包括提供相关的财政支持，如设立专项基金支持中小微企业的生产效率和服务质量提升；提供相关的知识支持，如提供中小微企业生产效率和服务质量提升的培训和咨询服务；提供相关的市场支持，如创建中小微企业生产效率和服务质量提升的市场推广平台等。

五、重点培育多元化融合发展主体

在全球化和信息化的背景下，制造业无疑面临着前所未有的挑战和机遇。随着技术更新迭代的速度加快，市场需求日趋多元化，制造业的传统模式已经难以适应当前的社会经济发展需求。通过多元化和融合的发展，各类型的制造业主体互补优势，它们只有协同作战，才能在激烈的市场竞争中脱颖而出，实现制造业的生态化转型。

多元化融合发展主体可以充分发挥各类主体的优势，推动制造业的整体发展。例如，大型制造商通常在技术、资本、人才和管理等方面具有较大优势，其全面的资源和规模效应可以为制造业提供稳定的基础。然而，大型制造商在面对市场变化、创新和灵活性方面可能显得比较困难，这时它们就需要借助中小制造商的优势。中小制造商一般在创新、灵活性、市场响应等方面具有较大的优势，它们的灵活性和敏捷性使它们能快速适应市场的变化，满足消费者的个性化需求。然而，它们在技术、资本、人才、管理等方面可能比较欠缺，这就需要它们借助大型制造商的资源和能力。大型制造商与中小制造商的互补合作，可以让各类主体各展所长，共同推动制造业的发展。

多元化融合发展主体可以提升制造业的创新能力。在当前的社会经济环境下，创新已经成为推动发展的关键因素。多元化融合的发展模式可以促进各类主体之间的交流与合作，共享知识与技术，激发创新的活力。这不仅可以提高制造业的技术创新能力，也可以增强制造业的市场创新能力，以满足多元化的市场需求。

多元化融合发展主体有助于提升制造业的竞争力。在全球市场的竞争中，多元化融合发展的制造业主体可以使制造业具有更大的竞争优势，其中的各类主体可以互补优势，共享资源，提高效率，降低成本，从而提升整个制造业的竞争力。

因此，重点培育多元化融合发展主体，不仅可以充分发挥各类主体的优势，推动制造业的整体发展，也可以提升制造业的创新能力和竞争力，从而实现制造业的生态化转型。这是一个必须明确的路径，也是一个充满挑战和机遇的路径，值得所有制造业主体去探索和实践。

要实现多元化融合发展，关键在于打破行业、领域、公司之间的壁垒，实现各类主体的有效合作。政策方面，国家可以通过优化制度环境，鼓励和支持各类主体进行跨行业、跨领域、跨公司的合作；市场方面，国家有关部门联合相关社会组织、机构可以通过建立公平、公正、公开的市场环境，促进各类主体的竞争与合作；科技方面，制造业企业可以通过加强科技创新，推动各类主体的技术交流与合作；人才方面，制造业企业可以通过培养和引进各类人才，提高各类主体的人才水平。

在实际操作中，制造商应当在现有服务的基础之上，将相关工作上升为集成化的专业服务。制造商不仅向客户出售产品，更要为其提供设计、生产、物流、售后等多个方面的贴心式服务。一些制造大型设备的企业还应当为客户提供厂房设计、工程建设、外围结构等多方面的服务，以解决客户使用设备的后顾之忧。

这一路径的选择，本质上是我国在制造业生态化转型中，通过政策工具的调控，引导和促进制造业的创新发展。在集成式的服务体系下，客户所享受的是服务方案而非服务产品，制造商要根据客户的实际需求为其解决产品之外的问题，尽量保障产品的进入能够给客户带来更大的利益，而非一揽子的麻烦，将客户的精力解放出来。

此外，在多元化融合发展的实践中，我国制造业还应积极探索新的合作模式，如产学研合作模式、公私合作模式、跨国合作模式等，以促进制造业的全面发展。同时，我国制造业也应注意防范和解决多元化融合发展可能带来的问题，如资源配置不合理、合作冲突、风险累积等。

六、积极参与全球制造业的竞争与合作

（一）参与全球制造业的竞争与合作的作用

在全球化的时代背景下，每一个国家的制造业都不再是孤立的，而是构成了一个复杂交织、相互依赖的全球制造业体系。任何环节的变动都能引发这个体系的微妙变化，就如同扔进湖中的一颗石子，能引发涟漪一般，漫延到湖的每一个角落。无论是技术的更新换代，还是市场需求的改变，或者是政策的调整，都可能对全球制造业体系产生影响。因此，任何一个国家的制造业都无法孤立于这个体系之外进行发展，它们必须积极参与到全球制造业的竞争与合作中来。

对制造业来说，全球化不仅意味着更大的市场和更多元化的需求，也意味着更激烈的竞争和更高的挑战。在全球化的大潮中，任何一种闭门造车的做法都可能使制造业错过发展的机遇，甚至陷入发展的困境。因此，积极参与全球制造业的竞争与合作，已经成为制造业发展的必然选择。

参与全球制造业的竞争，可以使制造业更好地了解全球市场的动态，

更快地把握技术发展的趋势，更有效地优化自身的产品和服务。这不仅可以提升制造业的市场竞争力，也可以推动制造业的技术创新和管理创新，促进制造业的持续发展。同时，参与全球制造业的合作，可以使制造业更好地利用全球资源，更有效地分享全球知识，更深入地参与全球价值链。这不仅可以提升制造业的生产效率和产品质量，也可以促进制造业的知识创新和模式创新，推动制造业的转型升级。

（二）参与全球制造业的竞争与合作的策略

在参与全球制造业的竞争与合作的过程中，制造业企业需要实时跟踪行业变化，把握技术革命发展趋势，引入成熟的发展经验。行业变化是制造业发展的重要驱动力，制造业只有紧跟行业变化，才能把握发展机遇，避免落后于市场。技术革命是制造业发展的关键因素，只有掌握先进的技术，制造业才能提高生产效率、产品质量和增强自身的市场竞争力。成熟的发展经验是制造业发展的重要参考，制造业引入这些经验可以避免重复走弯路，加快发展步伐。

同时，为了进一步推进制造业的发展，国家还应继续推动自由贸易区发展和区域合作战略的实施。自由贸易区可以为制造业提供更广阔的市场空间，区域合作战略可以为制造业提供更丰富的资源和更多元的合作机会。推动这两方面的发展可以进一步优化全球制造业的分工和协作，提升全球制造业的整体水平。

在推动制造业发展的过程中，制造业企业还应该建立多层次的实地研究平台和多技术联盟。实地研究平台可以帮助企业更好地理解市场需求，提升产品的市场竞争力。多技术联盟可以帮助企业共享技术资源，提升技术创新能力。建立这些平台或加入联盟，可以帮助制造业企业在全球竞争中取得优势。

在新的发展路径上，制造业企业还应当突出自身发展的社会效益。污染之后再治理的模式不能再在中国出现，新的制造业发展模式应以绿色、环保为主导，以信息化、精准化、标准化为手段，以提升人类生活质量为目标。这种模式的实施，既能提升制造业的社会效益，又能推动制造业的持续发展。在此背景下，制造业企业需要勇于肩负起改善生态文明的责任，这不仅是企业的社会责任，也是企业发展的必然要求。制造业只有以此为目标，才能实现其发展成就的攀升，从而为中国经济发展提供不竭的动力。

第七章 "双碳"战略引领制造业转型与发展展望

作为全球经济的重要支柱，制造业正被寄予厚望：制造业要在推动经济社会的进步和提升人类生活质量的同时，实现低碳化和绿色化的转型。对制造业来说，"双碳"战略不仅是一项重大的责任和挑战，也是一次重大的发展机遇。未来，在"双碳"战略的引领下，制造业的转型与发展将呈现出新的趋势。就传统制造业而言，随着全球经济的快速发展，传统制造业面临着环境压力的加大和产业结构的调整等问题，如何通过自主创新、把握"双循环"机遇、深化新一代信息技术与制造业融合，以及实现更加"低碳化"和"清洁化"的生产方式，将成为该领域亟待解决的课题。从新兴制造业来说，新兴制造业是未来经济发展的重要驱动力，而新型制造高端技术、新材料与新能源的蓬勃发展以及对高素质人才的巨大需求，都将在这个过程中发挥重要作用。最后，本章将从宏观角度出发，思考"双碳"战略下未来制造业生态圈的发展，包括金融领域、区域重塑以及低碳消费等领域，期待制造业在"双碳"战略下的美好未来。

第一节 "双碳"战略下传统制造业的转型展望

一、坚持自主创新

"十四五"时期是承上启下的关键阶段。在这个阶段，传统制造业应直面挑战，坚持自主创新，培育新的竞争优势，借助构建新发展格局的机遇，实现进一步转型升级。

在中国"双碳"战略的指引下，在全球绿色转型的大背景之中，传统制造业面临着从未有过的挑战与机遇。过去的生产模式已经不再适应新的环境要求，现代化、智能化、绿色化的转型则显得尤为迫切。对传统制造业来说，未来如何在这个关键的转型阶段保持并提升其竞争力，进一步实现高质量发展的关键在于坚持自主创新，构建新的竞争优势，以满足更高层次的需求，实现产业升级。

坚持自主创新是推动制造业转型升级的必由之路。传统制造业之所以被称为"传统"，主要是因为其一直依赖于已有的技术和经验，而且在很长一段时间内，这些技术和经验都能够满足市场需求。但随着科技的飞速发展和社会需求的日益增长，旧有的技术和经验已经无法满足新的需求，而且在很多情况下，它们甚至成为制约制造业发展的瓶颈。为了打破这个瓶颈，制造业必须坚持自主创新，不断探索和研发新的技术，提升自身的核心竞争力。

自主创新不仅要求制造业有强大的研发能力，而且要求制造业能够根据市场需求，进行有效的技术创新和产品创新。这就需要制造业在技术研发的基础上，建立一个完整的创新体系，这包括市场研究、产品设计、工艺优化、生产管理、品质保证等多个环节。只有这样，传统制造业才能真正实现从技术创新到产品创新的完整转变，满足市场的多元化需求，实现高质量发展。

在实施自主创新的过程中，制造业企业应加大研发投入，重视人才培养和引进，以及与高等院校、研究机构的紧密合作。只有这样，制造业企业才能在科技研发上有足够的投入，有强大的人才队伍，有优秀的科技合作伙伴，从而为自主创新提供强大的支持。制造业企业还需要构建一个良好的创新环境，包括优化创新政策、建立创新机制、提高创新效率等。这样不仅可以激励制造业企业员工积极参与创新活动，还可以促进制造业企业与社会其他组织的深度合作，使其共同推动制造业的自主创新。

相信通过自主创新，传统制造业终将成功转型为现代化、智能化、绿色化的制造业，不断提升自身的竞争力，满足社会的高质量需求，实现持续发展。而且，自主创新不仅可以带动制造业企业的发展，还可以带动社会的发展，推动社会经济健康稳定发展，为实现中国的社会主义现代化做出重要贡献。

二、把握"双循环"机遇

在中国政府的引导下，"双循环"策略已经成为引领国内经济发展的新方向。这个策略强调以国内大循环为主体，国内国际双循环相互促进，旨在构建一个开放的国内经济体系，进一步提高国内市场的活力和竞争力。对传统制造业来说，这个新的发展策略为其发展提供了新的机遇，也提出了新的挑战。在"双循环"策略的要求下，传统制造业需要提升产品和服务的质量，满足国内市场日益增长的需求，同时也要更好地利用国际市场的机会，提升自身在全球市场中的竞争力。

把握"双循环"机遇意味着我国要加强对国内市场的研究和开发。在中国进入高质量发展阶段的今天，消费者对生活品质的期待越来越高。他们希望购买的产品不仅质量优良，而且设计精良，符合自己的个性化需求。因此，传统制造业需要进一步优化产品结构，提升产品设计和制造水平，满足消费者的这些需求。同时，国家也应该相应提高产品质量标准，引导制造业提升产品质量，满足消费者的高质量需求。

同时，把握"双循环"机遇也意味着制造业要加强对国际市场的研究和开发。在全球化的背景下，国际市场为制造业提供了广阔的发展空间。通过引进国外的先进技术和管理经验，制造业可以提升自身的核心竞争力，更好地满足国际市场的需求。而对于那些过去以出口为主的制造业来说，它们应该更加积极地开拓国内市场，利用国内市场的优势，提升自身的竞争力。

对生产中间品的传统制造业而言，把握"双循环"机遇更是关键。在全球化的大背景下，产业链的稳定性和完整性对制造业企业的生存和发展至关重要。通过技术改造和技术创新，这些制造业企业可以提升自身在产业链、供应链关键环节的市场占有率，增强自身的竞争力。这也需要政府和社会其他组织，共同助力制造业的发展。

总之，"双循环"策略为传统制造业的发展提供了新的机遇，也提出了新的挑战。传统制造业要把握这些机遇，更加积极地投入自主创新和技术升级中，提升自身的核心竞争力，满足国内外市场的需求。而政府和社会其他组织也应该给予更多的支持，共同推动制造业的发展，实现"双循环"策略的目标。

三、深化新一代信息技术与制造业融合发展

在全球化与信息化的大趋势下，新一代信息技术层出不穷，这对传统制造业带来革命性的影响。大数据、人工智能等新兴技术的发展为传统制造业的转型升级提供了无限可能。这些技术不仅提升了生产效率，也极大地提高了产品的质量和价值。因此，深化新一代信息技术与制造业的融合发展是传统制造业在"双碳"战略下应对未来挑战的必要路径。

在这个背景下，传统制造业的未来发展首先需要重视新型基础设施的建设。这包括以 5G 网络、工业互联网等为代表的网络基础设施，以

数据中心、大数据平台、人工智能等为代表的数据智能基础设施，以支撑软件、开源平台等为代表的生态系统基础设施，以及将大数据、人工智能等技术应用于传统基础设施转型升级的融合基础设施。这些基础设施将为制造业的信息化转型提供强大的支持。

与此同时，传统制造业的未来发展还需要深化工业互联网的行业应用，尤其是对中小制造业企业的服务。这主要表现在针对中小制造业企业的数字化、网络化和智能化服务措施上。需要理解的是，尽管中国的制造业已经取得了一定的成绩，但在数字化转型的道路上，中国制造业还有很长的路要走。为此，我国需要加快中小制造业企业的数字化、网络化和智能化转型，才能进一步提升制造业的整体水平。

为了达成这个目标，一方面，政府应当积极推动相关政策，以创造有利于中小制造业企业发展的环境。这包括提供金融支持，降低制造业企业运营成本，以及推动信息化建设等政策方面的支持。另一方面，政府还需要优化中小制造业企业数字赋能生态，培育面向中小制造业企业的数字化服务商，精准地为中小制造业企业提供新技术服务帮扶。同时，制造业企业本身也需要积极改变观念，把握好数字化转型的机遇，以此提升自身的竞争力。

深化新一代信息技术与制造业的融合发展对传统制造业的未来转型具有决定性的影响。只有把握住这个机会，传统制造业才能在"双碳"战略下持续发展，以应对未来挑战。同时，这也需要政府、制造业企业和社会的共同努力，共同推动制造业的转型升级，从而实现高质量发展的目标。

四、更加"低碳化"和"清洁化"

在应对全球气候变化的大背景下，推进传统制造业更加"低碳化"和"清洁化"已然成为当务之急。特别是在现今环境资源日趋紧张，气候问题日趋严重的情况下，绿色、低碳、循环、可持续发展的理念必须深入人心，成为每个行业、每个制造业企业、每个人的自觉行动，传统制造业也不例外。

首先，理解"低碳化"和"清洁化"对传统制造业的重要性是至关重要的。推动传统制造业更加"低碳化"和"清洁化"，不仅意味着传统制造业可以为社会提供更多的绿色产品，能更好地满足人们多样化的绿色消费需求，也意味着制造业本身可以从中获取到更多的发展机遇，实现可持续发展。

其次，明确如何推动传统制造业更加"低碳化"和"清洁化"。一方面，我国制造业需要进一步提升生产制造的环保标准。这需要与打污染防治攻坚战相结合，分行业实施精细化管理和监督，推进绿色发展的政策创新。这里的关键是要将绿色、低碳发展作为传统制造业优化升级的价值方向和硬性约束。制造业要通过市场机制等多种方式，引导制造业企业实行节能降耗、实行清洁生产、发展循环经济。

最后，大力增加绿色低碳技术供给也非常关键。这既可以为传统制造业技术改造提供支撑，更好地挖掘其节能减排潜力，又可以提高传统制造业的附加价值，甚至促进制造厂商从生产者转型升级为绿色技术提供者。对制造业企业来说，投入绿色技术和工艺研发既是创新的源泉，也是提升市场竞争力的重要途径。

推进传统制造业更加"低碳化"和"清洁化"是一项系统工程，这涉及产业结构的调整、技术创新的引领、产业链的绿色化等多个环节，这需要各方共同努力。只有这样，传统制造业才能在"双碳"战略下实现绿色转型，为实现中国的碳中和目标做出贡献。

第二节　"双碳"战略下新兴制造业的发展展望

一、新型制造高端技术发展

新兴制造业的发展对当今社会尤为重要，它代表了制造业的新趋势和发展方向，是一个国家在全球产业链中提升竞争力的重要手段。在全球碳达峰、碳中和的大背景下，新兴制造业发展的重要性不言而喻。新兴制造业的发展不仅有助于降低碳排放，实现绿色发展，也能引领新一轮的科技革命和产业转型，进一步推动经济社会的可持续发展。

新兴制造业代表的是高技术含量、高附加值、高质量和高效益的产品和服务，它们往往是在新的科技创新基础上，通过全新的生产方式和生产方法，为满足市场的新需求而产生的。新型制造高端技术，如生物技术，既是新兴制造业的核心，也是未来制造业转型升级的关键动力。

绿色生物制造技术是基于生物学的制造技术、工艺和方法，代表了一种全新的、可持续的、绿色的制造方式。这一生物技术能够对碳排放问题产生深远影响。将传统的化学工艺替换为生物过程，如使用微生物生产化学品，不仅可以减少对化石燃料的依赖，还可以显著降低碳排放。这是实现全球碳达峰和碳中和目标的一种重要手段，而且这种转变是可以通过生物技术来实现的。

生物制造有潜力解决资源短缺问题。不同于传统的化石燃料，生物制造能够利用可再生资源，如生物质、废弃物等进行原料合成，为新兴制造业企业提供环保、可再生的生物质燃料。对于企业而言，这是一种更为环保和可持续的生产方式。这种生产方式还可以利用生物技术生产出新型的生物材料，如生物塑料，这不仅可以降低产品的生产成本，还可以降低产品的环境影响。

对于新兴制造业而言，新型制造高端技术发展无疑是其核心竞争力。新型制造技术的发展和应用，能够帮助新兴制造业企业实现生产效率的大幅提升，降低生产成本，增加产品的附加值，从而获得更大的市场份额。因此，我国制造业需要重视新型制造高端技术的发展，加大研发投入，为新兴制造业的发展提供技术支撑。

具体来说，新兴制造业在新型制造高端技术发展上的实施策略主要包括以下几点。

在推进新型制造高端技术发展方面，新兴制造业企业首先需要加强技术研发，持续推进核心技术的突破。面对日新月异的技术变革，新兴制造业企业应积极抓住机遇，不断寻求创新。具体来说，新兴制造业企业可以根据自身特点和市场需求，选择有前瞻性和创新性的研发方向，如人工智能、大数据、物联网等高端技术领域。新兴制造业企业应加大研发投入，组建专业的研发团队，开展系统性、深入的技术研究，这样做的目的是解决新兴制造业发展中的关键性技术问题，为新兴制造业企业持续发展提供技术保障。新兴制造业企业还需要密切关注国内外技术发展趋势，及时调整和优化自身的技术研发策略，以适应不断变化的市场环境。

其次，新兴制造业企业需要提升生产技术水平，引导生产模式向智能化、自动化转变。具体来说，新兴制造业企业可以引进先进的生产设备，如工业机器人、自动化生产线等，以提高生产效率和精度。新兴制造业企业还需要采用高效的生产工艺，如柔性生产、精益生产等，以降低生产成本，减少浪费。新兴制造业企业还可以利用新一代信息技术，如物联网、大数据等，进行生产过程的智能化管理和控制。例如，通过实时数据采集和分析，新兴制造业企业可以优化生产流程，提前发现和解决生产问题，从而保证产品质量，减少生产风险。

再次，新兴制造业企业需要注重产品品质，提升产品的附加值。一方面，新兴制造业企业需要在产品设计和生产过程中注重用户体验，注重产品的品质。例如，新兴制造业企业可以通过用户调研，了解用户需求，优化产品设计，提升产品的功能性和美观性。另一方面，新兴制造业企业需要提高产品的技术含量和创新性，向市场提供独特的产品和服务，以增强产品的市场竞争力。例如，新兴制造业企业可以通过研发新技术、新材料，生产出独特的高附加值产品，满足市场对高端制造产品的需求。

最后，新兴制造业企业需要加强与高校和研究机构的合作，形成产学研一体化的创新模式。新兴制造业企业可以通过产学研合作，获取最新的科技成果，引进高水平的人才，从而提高新兴制造业企业的创新能力和竞争力。例如，新兴制造业企业可以与高校、研究机构共建研发中心，共同进行技术研发和人才培养。新兴制造业企业还可以通过技术引进、人才引进等方式，吸引优秀的研发人才，为新兴制造业企业的技术创新和产品开发提供人才支持。

在全球碳达峰、碳中和的大背景下，未来的新兴制造业必须把握发展机遇，不断推进新型制造高端技术的发展，以此来推动新兴制造业的可持续发展，实现制造业的绿色化转型，为实现全球碳中和目标做出贡献。

二、新能源与新领域蓬勃发展

在全球气候变暖，环境保护日益受到关注的当下，"双碳"战略以其碳达峰和碳中和的目标，明确指出了一条低碳、绿色和可持续的社会发展道路。在这个背景下，在新兴制造业的未来发展趋势中，新材料与新能源的蓬勃发展具有重要意义。特别随着光伏、风电技术的快速迭代，使人们对新材料的需求也在快速更迭，新材料与新能源有望在未来的发展中受益于政策助力，进入更快速的发展期。

光伏产业是新能源领域的重要组成部分，也是我国新能源工业中的领头羊。近年来，随着科技水平的提升，光伏技术也得到了突飞猛进的发展，其发电效率和稳定性都得到了显著提升。需要注意的是，光伏产业的生产成本仍然较高，特别是光伏电池制造过程中的关键材料，如硅片、胶膜、背板等的价格仍然处于较高水平。因此，随着平价时代的来临，光伏产业对这些关键材料的需求有望进一步增加。而新型材料的出现，如双玻晶硅组件、透明背板等，有望进一步降低光伏电池的生产成本，提高其性能，推动光伏产业的健康发展。

近年来，风电产业也成了新能源领域的重要组成部分，其技术的快速发展使风电机组的装机容量和发电效率都得到了显著提升。然而，风电叶片大型化对材料性能要求的提升也将引发制造厂商对新材料需求的改变。大型风电叶片可以提高风电机组的发电效率，这有望进一步推动风电产业的发展。此外，关键材料的国产化也是风电产业发展的重要推动力，这可以带动国内新材料产业的发展，也可以降低风电产业的生产成本，提升其国际竞争力。

在全球化的背景下，新能源汽车领域的发展也为新材料与新能源提供了巨大的市场空间。随着新能源汽车成本的下降，电动车的普及将加速动力电池需求的提升。同时，能源结构转型的深化，储能需求的快速增长以及电池储能成本的下降，也有望加快锂电池在储能领域的渗透率。在这一趋势下，制造厂商锂电材料需求的扩张是不可避免的。而锂电池在新能源汽车和储能领域的应用，不仅可以推动新能源汽车的发展，也可以提升储能技术的发展水平，还对新能源产业的发展起到了至关重要的作用。

氢能作为一种绿色清洁的能源，其产业链的发展在很大程度上受到政策驱动。随着各国政府对氢能产业的大力推动，预计燃料电池车将在未来有明显的放量效应，重卡或成为车辆推广的亮点。同时，加氢站的建设也有望提前实现。新技术的发展和新应用场景的出现，为氢能产业提供了新的发展空间，绿氢及其在工业领域的应用可能出现新突破。

最后，不能忽视的是合成生物学的发展。生物基材料为实现"双碳"

目标提出了有效的解决方案。这一领域正在不断向现代工业、医药、农业、环保等领域渗透，有望迎来蓬勃发展的机遇。在这种趋势下，新兴制造业企业关注具备核心技术优势的头部企业，无疑是明智的选择。随着生物科技的发展，人们将迎来一个新的生物经济时代，人类的生产和生活方式将因此发生深刻变化。这一领域的发展将对全球的经济社会产生深远影响，为实现全球的碳中和目标提供强大支持。

无论是光伏产业、风电产业、新能源汽车产业，还是氢能产业、生物基材料产业，其发展都将持续推动全球向低碳、绿色、可持续的发展方向前进，实现"双碳"目标。

三、高素质人才需求增大

新兴制造业在未来的发展蓝图中扮演着重要角色。实现创新、效率和可持续发展的目标，不仅需要高科技和良好的政策环境，更离不开高素质人才的支持。这一需求，主要源于以下三个方面。

一是技术创新的推动。面对全球环保压力和经济竞争，新兴制造业要想保持竞争力，必须不断进行技术创新，提高生产效率，降低生产成本。而实现技术创新，则离不开那些掌握核心技术、富有创新精神的高素质人才。他们能通过科学研究和技术改进，提出并实现新的生产方式和产品设计，从而推动新兴制造业的技术进步。

二是产业升级的需求。新兴制造业的发展，既要依赖于技术的进步，也要依赖于产业结构的优化。这就需要那些具有战略眼光和管理能力的高素质人才。他们能从全局的角度审视企业和行业的发展，制定并执行有效的战略，引导新兴制造业企业适应市场变化，提升自身竞争力，从而推动新兴制造业的产业升级。

三是环保目标的实现。在全球气候变暖的大背景下，新兴制造业必须实现绿色、低碳的生产方式。这就需要那些具有环保意识和专业知识的高素质人才。他们能在产品设计和生产过程中，充分考虑环保因素，实现资源节约和排污减少，从而帮助新兴制造业达成环保目标。

那么，新兴制造业需要什么样的高素质人才呢？这里所说的高素质人才，并不仅仅指那些学历高、技能强的人，更指那些有远见、有责任、敢于创新的人。他们不仅需要具备专业的知识和技能，还需要有良好的心态和价值观，能够积极面对挑战，主动承担责任，勇于创新，这样的人才，才能真正推动新兴制造业的发展。

具体来说，新兴制造业未来需要以下三类高素质人才：

首先是技术研发人才。在新兴制造业的未来发展中，技术研发人才将占据至关重要的地位。这些高素质的人才需要具备深厚的专业知识和丰富的实践经验，以此应对日新月异的科技发展和日趋激烈的市场竞争。他们必须熟练掌握核心技术，能敏锐洞察行业内外的技术动态，这将有助于他们提出和实现新的技术方案。此外，他们还需要具备强烈的创新意识和实践能力，他们只有拥有敢于挑战、敢于突破的精神，才能在科研和生产中推动技术革新，为新兴制造业的发展注入源源不断的创新动力。

其次，同样重要的是管理决策人才，他们在新兴制造业的产业升级中起着至关重要的作用。这类人才需要具备深邃的战略眼光和出色的管理能力，他们不仅要精通管理理论，也要能够将理论与实践结合，提出并执行有效的战略方案。他们必须能从全局的角度审视新兴制造业企业和行业的发展，预见未来的发展趋势和可能的挑战，为新兴制造业企业的长远发展规划清晰、可行的道路。而这一切，都离不开他们敏锐的商业洞察力和决策能力。此外，他们还需要具备卓越的领导力，能够引领团队共同前进，促进新兴制造业企业内部的和谐与稳定。

最后，环保专业人才在实现新兴制造业的环保目标中扮演着重要角色。这类人才需要具备深厚的环保知识和丰富的技能，他们不仅要理解和掌握环保法规和标准，也要能够在产品设计和生产过程中，充分考虑环保因素，寻求经济效益和环保效益达到平衡的最优解。他们需要具备出色的问题解决能力，能在面对环保问题时提出有效的解决方案，推动新兴制造业企业在生产过程中实现资源节约和排污减少。此外，他们还需要有良好的沟通能力和协调能力，既要能够在新兴制造业企业内部推广环保理念，提升员工的环保意识，又要能与外部环保机构、政府部门等保持良好的交流与合作，共同推动新兴制造业企业和社会的绿色发展。

技术研发人才、管理决策人才和环保专业人才，这三类高素质人才对新兴制造业的未来发展起到了关键的推动作用。在技术创新、产业升级和环保目标实现这三大方向上，他们各自发挥了不可或缺的作用。因此，未来新兴制造业对这些高素质人才的需求将会日益增大。

第三节 "双碳"战略下未来制造业生态圈的发展思考

一、金融领域发展思考

在全球变暖的背景下，气候变化和环保问题已经引起了全球的关注，包括中国在内的许多国家都在积极寻求解决方案。在制造业生态圈中，金融领域在实现"双碳"战略目标中发挥着重要作用。"双碳"战略下的金融领域发展思考，主要集中在如何通过碳交易制度、政策加持和碳概念股的强势，推动金融领域的绿色化、创新化和繁荣化。在未来的发展中，金融领域将继续致力于支持绿色和低碳的经济社会发展，同时也将积极推动自身的创新和发展。

（一）碳交易发展思考

碳交易制度在解决全球气候变化问题中发挥着至关重要的作用。其基本原理是建立市场机制，使碳排放成为一种有成本的行为，进而激励企业和个人采取行动来降低自身的碳排放。碳交易可以为金融市场和企业带来新的发展机遇，这些机遇不仅包括碳排放权的交易，还包括由此衍生的金融产品和服务的发展，以及企业投资决策的调整等，这能帮助制造业有效地利用市场的力量，调动社会各方的积极性，推动整个社会向低碳方向转型。

碳交易制度的推出为金融市场带来了新的发展机遇。具体来说，碳交易的实施将为金融市场创造出全新的资产类别，即碳排放权。碳排放权将吸引各类投资者的关注，激活市场活力。同时，碳排放权的交易，也将为金融市场带来巨大的交易量，为金融市场的发展提供强大的推动力。碳排放权的交易，还将催生出一系列的金融产品和服务，如碳信贷、碳债券等。这些金融产品和服务，不仅可以满足市场对低碳金融产品的需求，也将为金融市场的创新和发展带来新的机遇。

碳交易制度的推出，也将对企业的投资决策产生深远影响。在碳交易制度的影响下，企业在制定投资决策时，将更加重视环保和可持续性，从而更加符合社会的发展需求。而且，随着碳交易制度的完善和市场化程度的提高，企业将有更强的动力去研发和应用新的环保技术，以降低自身的碳排放。这样，碳交易制度不仅能推动企业实现低碳转型，还能推动整个社会的绿色发展。

（二）金融资本及绿色信贷发展思考

随着全球气候变化问题日益严重，绿色金融逐渐得到了全球关注。特别是在政策推动和市场需求的双重驱动下，金融资本越来越倾向于环保和可持续发展领域，而其中，绿色信贷成了重要工具。

绿色信贷是指金融机构为支持绿色产业发展、保护环境、节约能源和实现可持续发展提供的信贷业务。绿色信贷的推行，不仅符合全球气候变化治理的需求，也符合金融业务的发展趋势。在"双碳"战略的引领下，政策将更多地倾向于绿色信贷，这将有利于绿色信贷市场的繁荣和发展。同时，绿色信贷的推行也能促进金融机构在金融业务上更加重视环保和可持续性，从而实现金融业务的绿色化。

政策的推动和加持，使金融资本和绿色信贷等领域更加受到市场的青睐。一方面，政策扶持会提升金融机构对绿色信贷项目的投资意愿，推动绿色信贷市场的发展。例如，政府可以通过提供税收优惠、利率补贴等政策措施，鼓励金融机构投资绿色项目。另一方面，政策的引导和激励，将吸引更多的资本投入碳交易、碳减排等相关领域，从而推动碳市场的发展。

与此同时，绿色信贷的发展也带来了新的挑战。例如，如何有效评估和管理绿色信贷的风险，如何确保绿色信贷真正用于绿色项目，如何建立完善的绿色信贷标准和评估体系等，这些问题需要政府、金融机构、企业和社会各方共同努力解决，以便共同推动绿色信贷市场的健康发展。

（三）碳概念股对金融领域的影响思考

碳减排政策的实施和碳交易的推行，使碳市场成为金融领域的新焦点。其中，碳概念股在资本市场上的强势表现，不仅是市场对碳减排政策的积极反应，更体现了市场对环保和可持续发展的重视，以及对碳市场未来发展的乐观预期。

碳概念股的强势，对金融领域产生了深远影响。一方面，碳概念股的崛起有助于引导更多的资本进入碳市场，从而推动碳市场的发展。在碳概念股的引领下，投资者的注意力和资本开始转向碳市场，这不仅推动了碳市场的繁荣，也加速了相关产业的发展，进一步推动了经济的绿色转型。同时，碳市场的复杂性和专业性促使投资者和金融机构不断学习和掌握相关知识，提高他们在碳市场运作中的专业水平。

另一方面，碳概念股的崛起促进了金融领域的创新和发展。在碳概念股的带动下，金融领域开始涌现出一系列以碳为基础的新金融产品，如碳信贷、碳基金、碳衍生品等。这些新金融产品不仅满足了市场对碳交易的需求，也为金融市场的发展带来了新的动力。与此同时，金融机构也开始对碳市场进行更深入的研究，以便其更好地理解碳市场的运行规则，制定更为合理和有效的投资策略。

二、区域重塑发展思考

在"双碳"战略背景下，制造业生态圈将迎来新的发展机遇和挑战。各区域需要根据自身的优势和特点合理定位，制定和实施适应"双碳"目标的发展策略，以促进绿色低碳转型和可持续发展。在此过程中，区域的重塑和发展将是关键。区域重塑在"双碳"战略下的制造业生态圈的发展思考，主要集中在如何根据各自的优势和特点，制定和实施符合"双碳"目标的发展策略，推动绿色低碳转型和可持续发展。这需要各地区和企业根据自身的实际情况，积极采取措施，进行持续的探索和创新，以应对"双碳"战略的挑战，抓住"双碳"战略的机遇。

（一）经济发达区域的转型优势和挑战

经济发达区域因其经济结构的高度现代化，以及低碳产业的比重相对较大，自然而然地拥有了转型的优势。这些区域通常拥有强大的经济基础，包括完备的产业体系，丰富的人力资源和先进的科技创新能力，这为推动这些区域的低碳转型和绿色发展提供了坚实支撑。这些地区的企业和机构也在低碳转型和绿色发展的过程中，展示出了强大的创新能力和适应能力。

然而，即使是这些经济发达区域，由于人口的密集程度和经济活动的频繁性，碳排放压力仍然非常大。因此，这些地区在推动经济高质量发展的同时，也必须更加注重环保和节能，积极采取各种措施减少碳排放。这既是对经济发达区域自身可持续发展的需求，也是经济发达区域在应对全球气候变化中所承担的责任。

在这个过程中，制造业生态圈作为经济发达区域的重要部分，肩负着重要的使命。制造业应主动适应和引领绿色发展的大潮，加大对环保和节能技术的研发投入，不断推进技术创新，改进生产方式，减少生产过程中的碳排放，以实现真正的绿色生产。只有这样，企业才能在碳排放的压力下，保持自身的竞争力，实现可持续发展。

经济发达区域的制造业生态圈还需要积极探索新的业务模式，如循环经济、共享经济等，以满足社会对绿色、低碳、可持续生活的需求。这不仅可以帮助制造业生态圈找到新的发展机遇，也是制造业生态圈中所有成员在应对全球气候变化、推动低碳转型的过程中，需要担当的社会责任。

（二）传统能源依赖度高区域的挑战和对策

对于那些传统能源依赖度较高的区域，实施"双碳"战略无疑为其带来了更大的挑战。这些地区的经济结构和产业布局往往是以高能耗、高排放的行业为主，这就意味着这些地区需要在保障经济稳定发展的同时，实现绿色低碳转型。

然而，这些地区要在短期内实现碳排放的大幅度减少，同时保持经济的稳定发展，无疑是一项艰巨的任务。然而，如果这些地区能够成功地完成这一转型，不仅能为全球的碳减排做出重要贡献，也能抓住新的经济发展机遇，实现经济的可持续发展。

面对这一挑战，传统能源依赖度较高的区域需要从多个层面进行努力。首先，这些区域需要在产业层面进行结构调整，逐步减少对传统能源的依赖，大力发展新能源和低碳产业。这既包括推广使用清洁能源，如风能、太阳能等，也包括发展低碳产业，如循环经济、共享经济等。在这个过程中，这些区域要采取各种政策措施，包括制定适当的税收政策，提供相关的财政支持，建立鼓励创新和创业的环境等，以推动产业的绿色转型。

其次，这些区域要在科技层面进行创新，引导和支持企业研发和应用新的环保和节能技术，以提高能源利用效率，降低碳排放。这不仅要求企业自身具备强大的技术创新能力，也需要政府和社会提供必要的支持和环境。在这个过程中，这些区域还要注重对人才的培养和引进，增强全区域的环保和节能意识，以形成全方位、多层次的绿色发展动力。

三、低碳消费发展思考

在"双碳"战略背景下，消费端的低碳化也成了推动绿色低碳转型的重要一环。未来，如何推动低碳消费的发展，将成为制造业生态圈必须深入思考的重要课题。

（一）低碳消费的必要性

低碳消费在实现"双碳"目标的过程中，充当着非常重要的角色。随着经济社会的快速发展和人民生活水平的不断提升，消费已经成为碳排放的主要来源之一。由此可以清晰地看到，低碳消费在减少碳排放、防止全球气候变化以及实现"双碳"目标上的重要性。然而，实现低碳消费并不仅仅意味着减少碳排放，更重要的是，低碳消费可以通过改变市场需求，进而影响生产者的生产决策，引导企业采用更环保、更节能的生产方式，促进产业结构的绿色转型，这无疑将进一步推动实现"双碳"目标的实现。

与此同时，低碳消费也是实现绿色可持续发展的关键。在追求经济发展的同时，制造业生态圈也必须注意到环境问题和资源问题。随着人口的增长和生产活动的扩大，环境问题和资源问题已经成为限制制造业未来发展的重要因素。在这种情况下，低碳消费无疑是一个有效的解决方案。它不仅可以通过减少碳排放，降低对环境的压力，保护生态环境，而且可以通过改变市场需求，引导产业结构的优化升级，促进新兴绿色产业的发展。这不仅有利于我国实现经济的可持续发展，同时也有助于保护环境，实现经济、社会和环境的协调发展。因此，低碳消费对于实现绿色可持续发展具有极其重要的意义。

（二）低碳消费的推动路径

在实现低碳消费的漫长旅程上，消费者无疑处于中心位置，他们的消费行为及选择直接影响着整个社会的碳排放情况。因此，理所当然地，他们对环保的意识和对低碳生活的了解程度，会成为影响他们是否愿意及如何实践低碳消费的关键因素。首先，对公众环保意识的培养和普及低碳生活方式的工作应得到社会各界足够的重视和支持。在这一过程中，我国相关部门可以利用电视、网络等各种传媒工具，以公益广告等形式，传递环保理念和低碳生活方式的价值，让消费者形成足够的理解和认识。其次，对低碳知识的普及也是必不可少的一步。我国相关部门、社会组织、机构可通过教育、讲座、培训等各种形式，使消费者深入了解碳排放对环境和人类生活的影响，明白低碳产品的优点，了解如何选择和使用低碳产品。最后，我国各地区还可以通过组织开展各类环保活动和低碳生活比赛，使消费者在参与和实践中，更深刻地理解和接纳低碳生活，进一步提升环保意识和低碳知识。

实现低碳消费不仅需要消费者的积极参与，也需要有足够的低碳产品和服务供他们选择。因此，建立完善的低碳产品和服务体系也是推动低碳消费的关键一环。政府应在这个体系中发挥引导和推动的作用，通过设立环保标准、提供税收优惠、发放生产补贴等手段，促进和激励企业生产低碳产品。市场机制也应积极响应，提供多样化的低碳服务供消费者选择，包括但不限于绿色出行、绿色旅游、绿色餐饮等，让消费者在生活的各个方面都可以享受到低碳服务。同时，为了让消费者对低碳产品和服务有更高的信任度，社会需要建立一套有效的低碳产品和服务认证制度，使消费者在选择时有更多的信心和保障。

在推动低碳消费的过程中，政策引导是不可或缺的一环。我国政府只有建立和完善低碳消费的政策体系，才能有效地推动低碳消费的发展。这包括通过税收政策、补贴政策等手段，引导和激励消费者选择低碳产品和服务，也包括通过环保标准、认证制度等方式，促进低碳产品和服务的产生和发展。政策体系既要具有前瞻性和导向性，也要有足够的灵活性和可操作性，以适应低碳消费的发展和变化。

参考文献

[1] 刘睿倪. 中国制造业转型升级的路径与政策研究 [M]. 北京：中国纺织出版社，2021.

[2] 吴彩容，靳娜，罗锋. 中国制造业转型升级之佛山实践 [M]. 北京：九州出版社，2020.

[3] 何岚. 走向可持续制造生态创新驱动制造业转型研究 [M]. 北京：知识产权出版社，2018.

[4] 虞忠潮，朱兴旺，李强，等. 新能源汽车双碳战略下的汽车工业革命 [M]. 北京：中国经济出版社，2022.

[5] 丁涛，宋马林. 中国推进双碳目标 [M]. 北京：经济科学出版社，2022.

[6] 毛志兵. 双碳目标下的中国建造 [M]. 北京：中国建筑工业出版社，2022.

[7] 陈曦. 面向"双碳"目标的中国国际经济循环 [M]. 北京：中国商务出版社，2022.

[8] 彭浩. 工业城市碳达峰碳中和路径：以包头市为例 [M]. 北京：经济管理出版社，2022.

[9] 彭倩. 双碳目标下四川省能源结构绿色发展研究 [M]. 成都：四川大学出版社，2022.

[10] 李安. 技术创新模式与中国制造业转型升级研究 [D]. 长春：吉林大学，2020.

[11] 魏鹏. 碳达峰背景下我国制造业低碳发展问题与政策仿真研究 [D]. 南京：

中共江苏省委党校，2022.

[12] 王晨晨. 数字经济驱动制造业转型升级：作用机制与经验证据 [D]. 兰州：兰州财经大学，2022.

[13] 李超. "双碳"目标下低碳转型政策对新能源企业价值的影响研究 [D]. 重庆：重庆工商大学，2022.

[14] 张铭芮. 数字经济驱动山西省制造业转型升级的研究 [D]. 太原：太原理工大学，2022.

[15] 郭笑言. 环境规制视角下制造业绿色发展对能源强度的影响研究 [D]. 兰州：兰州理工大学，2022.

[16] 张琦. 制造业转型升级对碳排放的影响研究 [D]. 西安：西北大学，2022.

[17] 曹雯莉. 智能化发展对制造业转型升级的影响研究 [D]. 南昌：南昌大学，2022.

[18] 胡亚男. 高质量发展导向下中国制造业的技术路径选择研究 [D]. 济南：山东大学，2022.

[19] 李曼莎. 双碳目标下四川省产业结构优化研究 [D]. 成都：四川省社会科学院，2022.

[20] 董丹婷. "双碳"背景下高耗能企业绿色转型的动力、路径和效果研究：以杭钢股份为例 [D]. 杭州：浙江工商大学，2023.

[21] 黄键斌，宋铁波，姚浩. 智能制造政策能否提升企业全要素生产率？[J]. 科学学研究，2022，40（3）：433-442.

[22] 张继宏，程芳萍. "双碳"目标下中国制造业的碳减排责任分配 [J]. 中国人口·资源与环境，2021，31（9）：64-72.

[23] 刘培基，刘飞，王旭，等. 绿色制造的理论与技术体系及其新框架 [J]. 机械工程学报，2021，57（19）：165-179.

[24] 周勇，赵聘，刘志迎. 我国智能制造发展实践及突破路径研究 [J]. 中国工程科学，2022，24（2）：48-55.

[25] 冯玉静，翟亮亮. 产业政策、创新与制造企业服务化：基于"中国制造2025"准自然实验的经验研究 [J]. 科技进步与对策，2022，39（13）：

114–123.

[26] 张志新，路航，孙振亚."双碳"目标对制造业高质量发展的影响研究：基于价值链地位提升视角 [J]. 价格理论与实践，2022（1）：144–147，175.

[27] 许冬兰，张新阔.中国制造业服务化的绿色福利效应研究：基于污染改善与环境 TFP 双重视角 [J].中国地质大学学报（社会科学版），2021，21（4）：56–72.

[28] 董华，陈蕾.大数据驱动下服务型制造超网络的价值共创：以小米为例 [J].财会月刊，2021（20）：111–119.

[29] 胡志明，马辉民，张金隆，等.中国制造业转型升级政策的纵向协同性分析 [J].科学学研究，2022，40（2）：237–246.

[30] 朱小艳.数字经济赋能制造业转型：理论逻辑、现实问题与路径选择 [J].企业经济，2022，41（5）：50–58.

[31] 李金华.中国绿色制造、智能制造发展现状与未来路径 [J].经济与管理研究，2022，43（6）：3–12.

[32] 卢现祥，滕宇汯.中国制造业转型升级中的路径依赖问题研究 [J].福建论坛（人文社会科学版），2021（7）：31–46.

[33] 许钊，高煜，霍治方.区域经济一体化、生产性服务业集聚与制造业转型升级 [J].中国科技论坛，2022（1）：122–130.

[34] 钱海章，张强，李帅."十四五"规划下中国制造供给能力及发展路径思考 [J].数量经济技术经济研究，2022，39（1）：28–50.

[35] 张金若，隆雨."双循环"格局下制造业转型升级的成本核算与列报问题研究 [J].苏州大学学报（哲学社会科学版），2022，43（1）：49–59.

[36] 戚聿东，徐凯歌.智能制造的本质 [J].北京师范大学学报（社会科学版），2022（3）：93–103.

[37] 杨岚，周亚虹.环境规制与城市制造业转型升级：基于产业结构绿色转型和企业技术升级双视角分析 [J].系统工程理论与实践，2022，42（6）：1616–1631.

[38] 臧晓玲，温变英.高分子材料绿色制造与可持续发展 [J].中国塑料，

2021，35（8）：9-20.

[39] 陈旭，焦楷，王鹏飞 . 从场景到生态：服务型制造的企业运营管理变革 [J].
工程管理科技前沿，2022，41（1）：82-89.

[40] 王正，郭珩 . "双碳"目标下创新要素配置优化与制造业高质量发展 [J].
技术经济与管理研究，2023（1）：103-107.

[41] 林琳，杨皎平，徐永利 . 制造业企业服务化平台价值共创机制研究 [J]. 企
业经济，2022，41（7）：94-104.

[42] 潘玮，沈克印 . 体育用品制造业服务化转型：动力结构、内在逻辑与推进
思路 [J]. 山东体育学院学报，2022，38（3）：45-53.

[43] 张雨浩，周谧，周雅婧 . 基于生命周期的服务化转型企业价值增值机理：
多案例研究 [J]. 管理案例研究与评论，2022，15（5）：563-581.

[44] 苗强，张恒，严幸友 . 大规模制造产业网状结构价值链数字生态理论研究
构想 [J]. 工程科学与技术，2022，54（6）：1-11.

[45] 邢会，姜影，陈园园 . "双碳"目标下碳交易与制造业绿色全要素生产率：
基于异质性技术创新模式的机制检验 [J]. 科技进步与对策，2022，39（23）：
76-86.

[46] 吕明元，程秋阳 . 工业互联网平台发展对制造业转型升级的影响：效应与
机制 [J]. 人文杂志，2022（10）：63-74.

[47] 薛塬，臧冀原，孔德婧，等 . 面向智能制造的产业模式演变与创新应用 [J].
机械工程学报，2022，58（18）：303-318.

[48] 孟韬，李东轩，赵非非 . "双碳"背景下制造业企业意义导向创新生态系
统构建 [J]. 科学学与科学技术管理，2022，43（7）：156-166.

[49] 吴海军，郭琎 . 数据要素赋能制造业转型升级 [J]. 宏观经济管理，2023（2）：
35-41，49.

[50] 李杰，赵燕 . "双碳"目标下高技术制造业的区域绿色创新溢出效应 [J].
科技管理研究，2023，43（3）：223-233.

[51] 陈长江，成长春 . 新发展格局下长三角引领全国制造业转型升级的路径研
究 [J]. 苏州大学学报（哲学社会科学版），2023，44（1）：10-19.

[52] 尹士，袁媛，韩陞贤．"双碳"目标下制造业数字绿色创新发展评价：以京津冀为例 [J]．科技管理研究，2023，43（6）：94-104.

[53] 薛贺香．"双碳"背景下制造业数字化转型与绿色发展耦合协调研究 [J]．区域经济评论，2023（3）：101-110.

[54] 赵玉林，裴承晨．技术创新、产业融合与制造业转型升级 [J]．科技进步与对策，2019，36（11）：70-76.

[55] 廖信林，杨正源．数字经济赋能长三角地区制造业转型升级的效应测度与实现路径 [J]．华东经济管理，2021，35（6）：22-30.

[56] 杨蕙馨，孙孟子，杨振一．中国制造业服务化转型升级路径研究与展望 [J]．经济与管理评论，2020，36（1）：58-68.

[57] 钟志华，臧冀原，延建林，等．智能制造推动我国制造业全面创新升级 [J]．中国工程科学，2020，22（6）：136-142.

[58] 郭克莎，田潇潇．加快构建新发展格局与制造业转型升级路径 [J]．中国工业经济，2021（11）：44-58.

[59] 孔存玉，丁志帆．制造业数字化转型的内在机理与实现路径 [J]．经济体制改革，2021（6）：98-105.

[60] 许光清，邓旭，陈晓玉．制造业转型升级与经济高质量发展：基于全要素能源效率的研究 [J]．经济理论与经济管理，2020（12）：100-110.

[61] 熊励，郑慧娴．创新要素协同对制造业转型升级效率的影响：基于品牌竞争力视角 [J]．工业技术经济，2020，39（3）：20-29.

[62] 李晓华．数字技术推动下的服务型制造创新发展 [J]．改革，2021（10）：72-83.

[63] 邓仲良，屈小博．工业机器人发展与制造业转型升级：基于中国工业机器人使用的调查 [J]．改革，2021（8）：25-37.

[64] 张明超，孙新波，钱雨．数据赋能驱动智能制造企业 C2M 反向定制模式创新实现机理 [J]．管理学报，2021，18（8）：1175-1186.

[65] 臧冀原，刘宇飞，王柏村，等．面向 2035 的智能制造技术预见和路线图研究 [J]．机械工程学报，2022，58（4）：285-308.

[66] 李晓阳，代柳阳，牟士群，等 . 生产性服务业集聚与制造业绿色转型升级：信息通信技术的调节作用 [J]. 西南大学学报（社会科学版），2022，48（1）：83-96.

[67] 黄满盈，邓晓虹 . 高端装备制造业转型升级驱动因素分析 [J]. 技术经济与管理研究，2021（9）：56-61.

[68] 唐国锋，李丹 . 服务化对制造业转型升级的影响：基于重庆制造行业面板数据的实证分析 [J]. 科技管理研究，2020，40（19）：130-139.

[69] 付宏，刘其享，汪金伟 . 智能制造、劳动力流动与制造业转型升级 [J]. 统计与决策，2020，36（23）：181-184.

[70] 王保建，段玉岗，王永泉，等 . 面向"中国制造 2025"双能力融合的智能制造人才培养探索与实践 [J]. 实验室研究与探索，2021，40（8）：140-144.

[71] 刘玉书，王文 . 中国智能制造发展现状和未来挑战 [J]. 人民论坛·学术前沿，2021（23）：64-77.

[72] 李新安，李慧 . 中国制造业绿色发展的时空格局演变及路径研究 [J]. 区域经济评论，2021（4）：64-73.

[73] 李增光，沈克印 . 双循环新发展格局下体育用品制造业转型升级的动力机制研究 [J]. 沈阳体育学院学报，2022，41（1）：106-114.

[74] 史丹，孙光林 . 大数据发展对制造业企业全要素生产率的影响机理研究 [J]. 财贸经济，2022，43（9）：85-100.

[75] 夏杰长，肖宇 . 以制造业和服务业融合发展壮大实体经济 [J]. 中国流通经济，2022，36（3）：3-13.

[76] 惠宁，杨昕 . 数字经济驱动与中国制造业高质量发展 [J]. 陕西师范大学学报 (哲学社会科学版)，2022，51（1）：133-147.

[77] 王泽宇，王焱熙，赵莉，等 . 中国制造业全要素生产率时空演变及影响因素 [J]. 地理学报，2021，76（12）：3061-3075.